ガートルード・ロージアン・ベル

ペルシアの情景

田隅 恒生 訳

法政大学出版局／イスラーム文化叢書　1

本書執筆当時の著者（二十六歳）
（*The Letters of Gertrude Bell*, vol. 1）

晩年の著者（五十四歳）一九二三年五月、バグダードより一時帰国したときに著名な肖像画家ジョン・サージェントの描いたもの
（H. V. F. Winstone: *Gertrude Bell*）

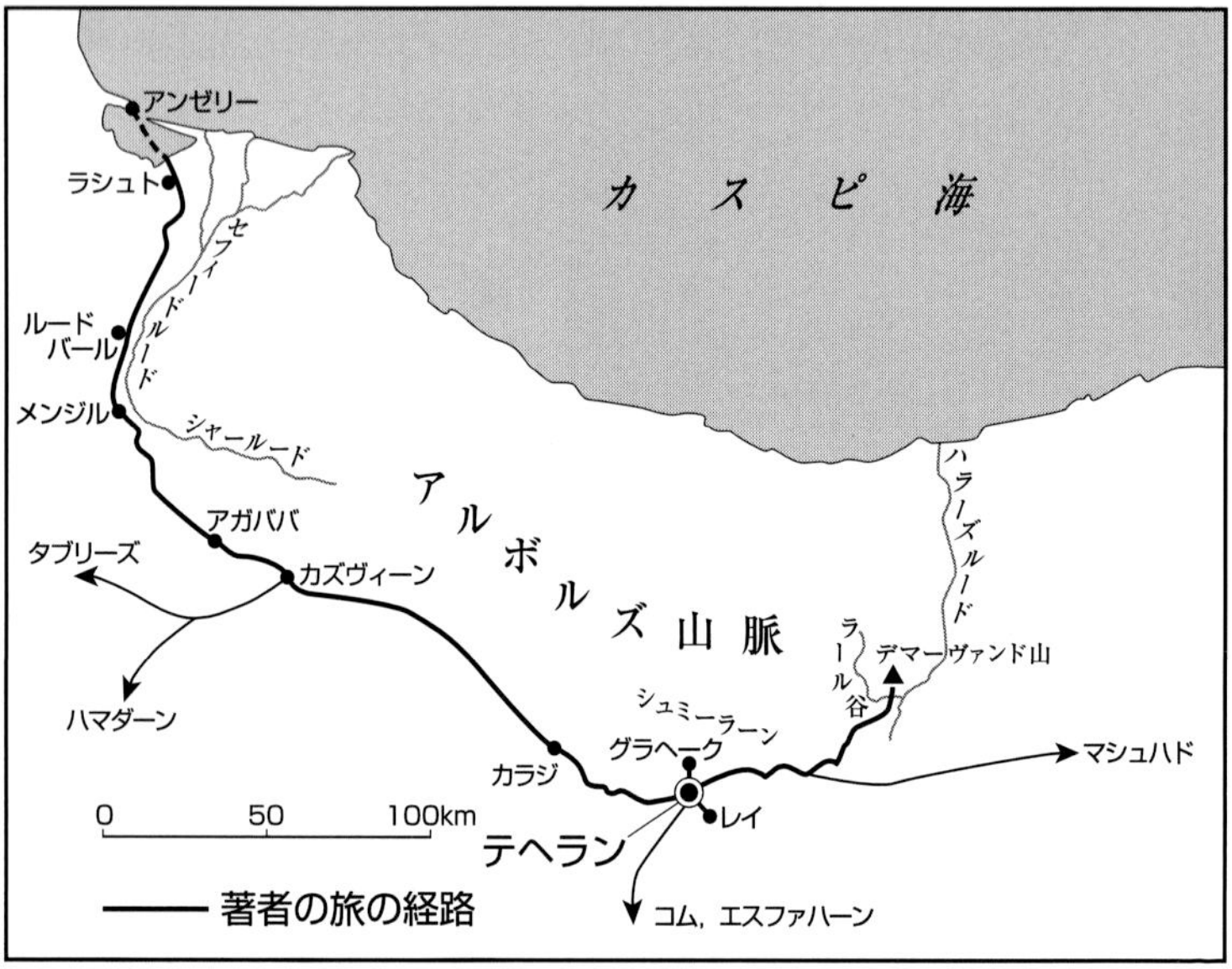

カスピ海南岸およびテヘラン近郊

凡例

一、本書は、当初匿名で出版された *Safar Nameh. Persian Pictures. A Book of Travel*, London 1894 のペルシア部分（全二十章のうち十四章）の翻訳である。底本に使用したのは著者没後に復刊された Gertrude Bell, *Persian Pictures with a Preface by Sir E. Denison Ross*, Boni and Liveright, New York 1928 で、序文と本文一―十四章を訳出した。翻訳をペルシア部分にしぼった理由とその背景にある本書成立の経緯については、序文と訳者後記をご参照いただきたい。

一、訳注は簡単なものは当該事項の個所に〔 〕により割書きし、多少の説明を要するものは行間に番号を付して各章末尾に記載した。

一、引用書の表題で、入手可能な邦訳のあるものは訳書名を『 』で示した。

一、地図は原書に添付されていないので、関係地名を表示した簡単なものを作成した。

一、写真は原書に掲載されていないが、本文の関係では（訳者撮影のもの二葉を除き）著者の現地訪問とほぼ同時代の著作から適当と思われるものを選んで転載し、簡単な説明を加えた。利用したのは左記の二書であり、出典をそれぞれベンジャミン、カーゾンと略記した（執筆当時、前者は駐ペルシア初代米国公使、後者は英国インド省次官〔のちインド総督、オクスフォード大学総長、外相〕）。なお、訳注などでその記述を参照したときも出典の表示には同じ略記を用いた。

S. G. W. Benjamin : *Persia and the Persians*, Boston 1887

George N. Curzon : *Persia and the Persian Question*, London 1892

目次

なにゆえにわれはうつろいゆくや、おおゼウスよ、と美は訊ぬ。
神は言い給いぬ、さればわれはうつろい易きものをのみ
うるわしく作りなしたるなり。
愛、花、朝露、さらに青春はそを聞き知りて、
みな涙しつつユピテルの玉座を立ち去れり。

ゲーテ(1)

ところで、旅する人がつねに観光者とはかぎらない――彼はなつかしい生まれ故郷を思いやる（それもなんと頻繁に！）。また焚火や食べもの――あるいは日かげや飲みもののことで、お粗末に血道をあげるときもある。

キングレーク(2)

（1）『四季』（一七九六）より。
（2）Alexander William Kinglake (1809-91). 英国の法律家、歴史家。一八三四―三五年に中東各地を訪問、紀行「イオーセン（*Eothen* ＝東方より）」（一八四四）を執筆。引用はその自序文より。

復刊版への序文

E・デニスン・ロス[1]

ガートルード・ロージアン・ベルの文章は、だれにとっても印象がきわめて鮮烈で古典的著作となることが約束されているので、ここでは著者の伝記的細目を述べるまでもあるまい。彼女が一八六八年七月十四日に、当時は祖父サー・ロージアン・ベル〔冶金化学者、製鉄業・石炭鉱業経営者〕の居館だったダラムのワシントン・ホールで生まれた、ということで足りよう。一八八五年に彼女はオクスフォード大学レディ・マーガレット・ホール〔同大学最初の女子カレッジ。一八七八年創設〕に入学、史学を専攻して一八八七年に最優秀の成績で卒業した。オクスフォード在学中には勉学のみならず各種の競技にも打ちこんだが、オリエント熱に捉えられていたようで、一八九一年に伯父のサー・フランク・ラセルズが駐テヘラン公使に任じられると、彼女はペルシア訪問こそ一生の願いと公言する。こうして一八九二年の春、ガートルード・ベルはラセルズ夫人とテヘランへ旅立つことになる。

今回復刊されるこの小品は、著者にとっては初の東方旅行の所産である。その一部は現地で、残余は帰国後に書かれた。一八九二年（たぶん十二月）の日付のある手紙〔おそらく父方の親戚の娘フローラ・ラッセルあてのもの〕で、彼女はこう述べている。

ベントリーが私のペルシアものを出版したがっていますが、もうすこし分量がほしいそうです。さんざん二の足を踏んだ末、彼のところから出すことにして、あらたに六章を書き足しています。いささかうんざりで、第一、出版などされないほうがよほどありがたいのです。だって、書いたのは自分のなぐさみとしてで、おかげで思っていたとおりに充分に楽しみました。ただ謙遜は別にして、出来たのはおそろしく不充分なものです。それに、やみくもに活字にして、安直でけがらわしい作品で世の中を一杯にする人たちなど大きらい――なのに、私もその一人になろうというわけです。最初はお断りしたのですが、母〔実母が著者の弟モーリスを出産後死亡したため、父の後妻となり著者を育てた女流作家フローレンス。フランク・ラセルズはその義兄〕の言うには私がまちがっているらしいし、父〔地方政治家・製鉄業者、サー・ヒュー・ベル〕はがっかりしました。両親のいうことには概してもっともなことが多いので、私は譲歩したのです。でも内心では、もとの考えに決して変わりはありません。こんなことはだれにも言わないでね。私としては、書いたものが読まれないのを願っています。

ガートルード・ベルが、初めての文筆の試みにきわめて控えめな見方をしていたのは興味深く、あとの六章がいわば注文をうけて執筆されたのもまた興味深い。というのは、文体と描写の魅力はあるにしても書き足した分にない何かが、ペルシアで書いた各章には感じとれるのを認めねばならぬと思うからだ。結局、この小品は、両親の希望と本人の遠慮との妥協の結果、匿名で出版されたのである。これとどこか相通ずる経過をたどったのが、別のペルシア紀行にもあることがいみじくも想起される。それは『ペルシアの情景』の出る前年に出版されたエドワード・G・ブラウン〔東洋学・言語学者、ケンブリッジ大学教授。主著 *Literary History of Persia*〕の「ペルシア人のなかでの一年」(Edward G. Browne : *Year amongst the Persians*)だ。ブラウンも彼の出版者も、該書の非常にすぐれた内容に気づかなかったらしく、増版されたのはこの碩学が一九二五年に死去したあとであった。

ベル女史の小品は、ブラウンの著書に比べるとむろん微々たるものだ。またブラウンがペルシアに赴くについてはかの国の言語と文学について第一流の造詣を備えていたのに対し、ベル女史はテヘランに出発する前に数カ月間ペルシア語を学んだにすぎない。彼女はしかし、その短時間で一応はよどみなく読める力を身につけていて、会話ではいつも通訳を使うと言ってはいるが、相手の話すことの大部分は理解していたことに疑いの余地はない。

ペルシアの空気には、訪れるもののすべてに詩情とロマンを吹きこむ独特の魔力がある。もっとも、それを説明するのは容易でない。今日のペルシアは、旅するものに過去の栄光を思わせる跡がろくに残っていない国だからだ。その長い歴史の流れのなかで、古いイランの町々は建設されては破壊され、しかも自然と人とは現在のペルシアを無視の呪いのもとにおくことで手を組んでいるかに見える。二十ばかりの都市がつぎつぎと王都になり、強大な君主にして初めて賦与しえたあらゆる装飾をそれなりにつけはしたが、やがて見捨てられ、ついには廃虚と化して放置されるのみであった。その廃虚すらも、しばしば無情に破壊されている。国全体が、広大な荒廃地なのだ。このような次第にもかかわらず、ペルシアはあらゆる旅人を呪縛する。呪縛をかけるのは砂漠の起伏のかなたの驚嘆すべき落日であり、ペルシア人がこよなく愛するみごとな庭園であり、そして最後に忘れてはならぬのがペルシア人自身の不思議な魅力である。王子であれ騾馬《らば》追いであれ、彼らはみな天成の詩人であり哲人なのだ。

キングレークの「イオーセン」［巻頭エピグラフの訳注参照］に似て、この小品は一切のこまごました地理上の発見や古遺物の探索、あるいは政治論議や有用な統計数字などとはまったく無縁である。それは、英国人の著作ではヤングの『フランス紀行』（Arthur Young：*Travels in France*, 1792）［農学者の旅行記］やボローの「スペインの聖書」（George Borrow：*The Bible in Spain*, 1843）［言語学者のジプシー探訪記］などを含む、あの選りすぐりの一群に入る旅行文献なのだ。学者の間で世界的な評価を得た、ベル女史の考古学分野における後年の仕事の萌芽が見られるのは、「紀元一世紀のマリー」と題する一章[2]しかない。また「イオーセン」への言及は、キングレークがカイロのペストの様子を述べた有名な章［同書第十八章］を思い出させる。奇妙な暗合で、ベル女史はコレラ流行が猖獗《しょうけつ》をきわめる最中にペルシアに入り、キングレークがほぼ八十年前にエジプト人を観察したのと同じく、このおそろしい疫病に直面したペルシア庶民の動きを見守る機会に接したのである。

本書は、一八九四年に「サファル・ナーメ――ペルシアの情景、ある旅行記」（*Safar Nameh. Persian Pictures. A Book of Travel*）［サファル・ナーメはペルシア語で「旅の書」］と題し、著者匿名でベントレーから出版された。そして好評をもって迎えられたのち、はやばやと忘れられた。私が知る唯一の原本が、今回の復刊本のもとになっている。ついで一八九七年に、ベル女史は「ハーフェズ訳詩集」（*Poems from the Divan of Hafiz*）を実名で刊行した。そこで彼女は、すでに身につけていたペルシア語の学識のみならず、まれに見る詩的才能の持主であることの証拠を示している。この書も好評を博したが、それに値するはずの広範な読者を得るまでにいたらず、復刊されたのは『ペルシアの情景』とおなじくベルの死後であった。

一九〇七年に、ベル女史は最初の本格的著作「荒野と耕地の間」（*The Desert and the Sown*）〔田隅訳『シリア縦断紀行』〕を出版した。これはようやく、学者にしてトラヴェラーであることの正当な認知を彼女にもたらし、再版されるとともにドイツ語への翻訳も行われた。

残念なことに、彼女がペルシアから出した書信は数多くあったのに、すべて失われた。ただ一八九二年六月十八日付けでグラへーク[3]から従兄のホレース・マーシャルに出した一通が残って「ガートルード・ベル書簡集」に収められている。[4]本書を補足するものとして好適と思われるので、この機会に再録しておく。

周囲や、交際や、友達がすっかり変わってしまっても私たちは前とおなじ人間かしら？　私という、通りすがりの人が気ままに満たしてゆく女っぽい空瓶は、ここで英国では耳にしたこともないようなワインで一杯になっています。のどが渇いているときに大切なのは瓶よりもワインですから、従兄《にい》さん、今日ペルシアから手紙を書いているのはマンスフィールド街であなたとダンスをしていた人間とは別もの、というのが私の結論です——でも私のシャーベットの底には澱《おり》が、英国の滓《かす》が残っていて、どうやら私の思っている以上に香りづけになっているみたい。いずれにしても私はあなたのことを、かつての生活で親しくしていた、そしていまの生活へ引っぱって来たい人、その霊的来訪の道案内をインクで書いてあげたい人として、思い出しました。ほかにも思い浮かぶ人はいろいろといますが、愛惜の気持ちでというよりは、なんだか二十世紀も昔に火星に住んでいたころの知り合いだったのを覚えている、といった感じなのです。

世界とはなんと大きいこと、なんと広大で驚異に満ちていること！　このちっぽけな分際で世界の半分をまわり、そんなところにあてはめられるような寸法表など持ってもいないのに、いろんな物ごとを不遜にも小さな自分で測ろうとするのは、滑稽なほどあつかましく思えてきます。それで、しぶしぶながらというわけですが、ペルシアのことを書いて差しあげることにしましょう。私はもう私じゃないのよ――これが、私のただひとつの言いわけです。そしてこのふた月の間に私が見聞きしたうちのいくつかを、お話ししたいだけのことです。

さて、この国では男は緑と白と茶の流れるような長衣をまとい、女は行き交う人を見ようとすると、ラファエルの聖母像がつけているようなヴェールをちょっと持ちあげます。水のあるところでは草木が青々と茂り、水がなければ岩石と砂漠のほかには何もありません。まったく、テヘランのまわりの砂漠といったら！　何マイルも何マイルも、ほんとうに何も生えていないのです。そして、雪を頂き、急流のほとばしる深い谷を刻んだ荒れはてた岩山をめぐらせています。来るまでは砂漠ってどんなものか知らなかったのですが、実に大変な見ものです。

そのまっただ中にいきなり、何もないところから、ちょっとした冷水の湧き出るところから、庭園が現れます。こんな庭なのです！——樹木、泉、池、薔薇《ばら》の花、そのなかに立つ一棟の家、子供のころにお伽話で聞いたことのあるような園亭がいくつか——鏡の小片を美しい模様にして嵌めこみ、青いタイルを貼り、カーペットを敷き、流水と噴水の音がいつも聞こえるといった——そこに魔法のなかのような貴人が、重々しく、気品ゆたかに、長衣を着て座っています。部屋に入るとその人が現れ、この家はあなたのもの、庭もあなたのもの、さらにうれしいことに、お茶も果物もあなたのもの、また水煙管《カリヤーン》も、というのです（もっとも、喫煙のしかたとしてはカリヤーンはひどいもの、と私は思っています、炭とペンキの匂いがするだけですから）。神のお恵みで、このしもべは、お嬢様はおすこやかと存じあげますが？　おかげさまで、しごく元気でおります。お嬢様、どうかこのクッションへお運びくださいませんか。——そこで「お嬢様」は腰を下ろし、シャーベットとコーヒーのもてなしを受けながら通訳をいれて十分ばかり美辞麗句の挨拶を交わします。そのあと、気持ちもさわやかに喜びに満ち足りて、しあわせに恵まれたことを感謝しつつ馬に乗って家路につきます。しかもその間ずっと、主人のほうはその私居にこちらがずうずうしく踏みこんでしまっただけの、たぶんまったくの赤の他人なのです。かなしいことに、西洋の私たちには、歓待の心も行儀もありません。私は街頭の乞食に比べても、恥ずかしくなるくらいです——彼らはそのぼろぎれのようなものを、私がいちばんよく似合う服を着るときより典雅に身につけていますし、ごくごく普通の女たちのヴェールでも（ちなみにヴェールは、女の着こなしぶりがわかる試金石です）、私がかぶるよりははるかにさまになっています。ヴェールは頭の天辺から足の踵まで届くものでなければならず――と信じます――透けて見えるようではいけません。

それからたとえば、ペルシア風の庭園でプラタナスの木に吊ったハンモックに寝そべり、バザールで買ってきた打ち抜き革のかわった装丁の本でハーフェズの詩（原文でよ、お分かり？）を読むなんて、心はればれというものじゃないでしょうか。これが、当地で私が午前中をすごすやりかたなのです。私の横ではせせらぎの音が聞こえますが、それはあたり一面の花壇に流すために、ゾロアスター教徒の庭師が長柄の鋤で小さな堰に引いているのです。ハンモックのなかには辞書もあるのですが、どうやらほかの小道具ほど詩的ではなさそう――こんなものはモスリンのペティコートの下に隠しておきましょう！

また、こういうのも楽しみです――汗と埃にまみれて二時間ほど馬を乗りまわしたあと、朝の七時に戻ってくると、かぐわしい香りのする薔薇水《しょうびすい》の冷浴が用意してあって、それをすますと庭のテントにお待ちかねのすばらしい朝食が並んでいる――。

あらゆる知見を通じて捉えた、そして固まっていった束の間の印象のほかに、何をお伝えしたらいいかしら。あるペルシアの商人のことを申しましょう。

山腹をずっと上へ延びているその人の庭園で、ペルシア料理だけで朝食、昼食、お茶をいただいて、明け方から夕暮れまで長い一日をすごしたことがあります。もてなし上手なことでよく知られた人でした。毎晩、友人が何組も前触れもなくやってくるのです。その噂をしたペルシア人が言っていました――《するとあの人が出てきて、客をもてなします。皆の前にご馳走を並べ、夜半までかけていろいろな話をします。それから庭の来客用のあずまやの一つにクッションやカーペットを敷いて皆は横になり、夜明けまで眠ったあと、起きて村の風呂屋に出かけるのです》

　その魅惑的なこと、アラビアン・ナイトなみじゃありませんか！　でもその魅力は何ごとによらず言えることで、昔から何も変わってはいないのです。私は毎日、年老いた遊行僧《カランダル》や、白鳥の羽毛のスーツを家の衣裳箱にしまいこんでいるにちがいない女たちに出会います。また薔薇水の入った新しい瓶を開けるときには、いい香りのかわりにソロモンが閉じこめた魔物《イフリート》の大きな煙が瓶の口から立ちのぼる［いずれもアラビアン・ナイトの説話より］ように思うのです。

　ここの庭には、大きな深い池がいくつもあって、夕方、テニスを終えてから夕食までの間に氷のように冷たい水でよく泳ぎます。暑さで眠れないテヘランを発つ前は、夜明けに外へ出て柳の樹陰で泳いだものです。あそこの住まい［公使館敷地内の公邸］も気に入っていたのですが、テヘランを離れるのは皆大喜びでした。大変にむっとして、風通しがわるくなりだしたからです。ここはわずか六マイルしか離れていないのに、ふつうは昼寝をする午後二時から四時ごろの間を除いていつもそよ風があります。前と比べるとかなり高地で山にちかく、まわりはすべて灌漑の行き届いた畑で、小麦が刈り取りできるほどに稔っています。この気候の心地よいこと！　当地を知ったあとでは、英国の夏もそれほどいいとは思えません。

私はペルシア語を習っています。でもあまり根をつめてではありません。ここでは何ごとも根をつめてはしないものです。先生はぱっちりした目をして白いターバンをつけたおもしろい老人ですが、フランス語はほんの僅かしか知らないので――フランス語が意思疎通の手段なのに――詩人の言葉の翻訳もできないし文法上のむずかしいことの説明もむりです。でもそれにもめげず進境はみごとで、私はフランス語、先生はペルシア語で長々と哲学論議をしては時間の多くを過ごしています。彼の考えはまさにオリエントのギボンといったところです。もっとも、同国人のある人に抱いている疑念を、言葉の上でも行動においても表に出すことなどは夢にも思わないという、本式にオリエンタルな特徴を具えてのことです。それは当人の間では暗黙のうちに理解されているものらしく、二人の交際は完璧な階調の上に続けられることでしょう。それならば、これは物ごとのすばらしい単純化であり、また思うに、洗練されたマナーとしても最高のものを育てることでしょう……

この手紙は、アラビアン・ナイトがわれわれすべてに行使する、そしてトラヴェラーの一人一人にとっては東方のイスラム世界をロマンで彩る、不思議な力のことを思い出させる。トラヴェラーが、おなじみの物語の筋書や夢の冒険の舞台に近いものをいたるところで目にするためには、アラビアン・ナイトを読んでおくだけで充分なのだ。

十七世紀の末にアラビアン・ナイトを見いだし、翻訳した老ガラン(5)に世界が負う恩恵は、いかに大きく見ても過大視ということはない。ガートルード・ベルは、このロマンの気分によって東方に引き寄せられた。彼女は求めていたものを見つけたのであり、彼女が最初の旅で目にしたすべてには、ペルシアの詩とアラビアの物語を読んだ結果かねて心に抱いていた影像による色づけが行われた。晩年にいたって彼女はようやく、自分が現代の実在——つまり国際政治の一要素としての東方に直面している、そして必然的に、オリエントの町や砂漠の絵画的でロマンティックな住人を通常の人間と扱うことを迫られている、と知るのである。

仕事のほとんどがロマンにはほど遠かったバグダードでの奮闘の歳月〔第一次大戦中から戦後処理を経て一九二六年に死去（自殺とされる）するまでの十年間をイラクに在住〕も、東方への彼女の熱情になんの変化ももたらしはしなかった。彼女が、知りつくした国で、深い理解をもって愛した人々のなかで生を終えた——それにしても、悲しいかな！ あまりにもはやばやと——のも、あるいはふさわしいというべきかもしれない。

訳注

（1） デニスン・ロス——Sir (Edward) Denison Ross (1871-1940). 一八九八年よりペルシア語、アラビア語の指導を通じてガートルード・ベルと親交のあった東洋学者。ロンドン大学教授、同オリエント研究所長、カルカッタ・マドレッセ学院長などを歴任。ベルの「ハーフェズ訳詩集」新版にも序文を執筆した。

（2） 「紀元一世紀のマリー」……——本書第十九章（訳出割愛の部分）。一世紀のギリシアの地理学者ストラボンの記述をたどりながら黒海南岸の各地を巡訪した印象記。マリーは一八三六年から刊行を開始した著名なガイドブックの出版者で、章題はストラボンをそれに仮託したもの。

（3）グラヘーク——テヘラン市中の英国大（公）使館から約十キロ北方の山裾の高地で、夏の公邸の所在地。現在は下町とつながった住宅地だが当時は城外の砂漠の村で、外国公館や富裕層は夏期にはこのあたりに移動する習いだった。

（4）一通が……——その後何通もの手紙が発見されて、テヘラン滞在中の動静、とくにヘンリー・カドガンとのロマンスがかなり詳しくあきらかになっている。

（5）老ガラン—— Antoine Galland (1646-1715). フランスの東洋学者。晩年アラビアン・ナイトの初のヨーロッパ語への翻訳としてフランス語訳「千一夜」(*Mille et une nuits*) を完成（本書が執筆されたときにはすでにレイン、ペイン、バートンによる英訳もあり、ベルの典拠をガランと特定しうるかは不詳。他方、ベルは別のところで前嶋版第十八夜の一部にあたる箇所のレイン訳をそのまま引用していることから、すくなくとも部分的にはレイン版〔一八三八〜四〇刊、のちのバートン訳とは対照的な家庭むきの訳で知られる〕を読んでいたのは間違いない）。

1 東方の町

1880年代中ごろのテヘラン市街．王宮内塔屋から北望（ベンジャミン）

ペルシアの当代の都は、山脈を半円状にめぐらせた平野に横たわっている。山は、北では頂きを氷結させて万年雪の残る高みに達し、東ではゆるやかに傾斜して低い丘陵のつながりとなり、地肌のあらわな何本かの腕を砂漠のなかへ差し伸べる。それが砂塵と岩石の国の首都なのだ――不毛で荒れはてたまま、ペルシアはその単調をながながと繰りひろげていて、それを乱すものといえば、テヘランの市門の南に延びる平原に比べてもさらに荒涼たる丘陵の尾根しかない。せせらぎのもたらすさまざまな生命のこもった水という要素をまったく欠く景観には、ある種の美しい単純さがある。空虚な世界は、だれかすばらしい来客の応対のために片づけられた広い部屋のように見える。やがてそこは、男たちや天使のような女たちの壮麗な大行列で埋まることだろう。彼らの槍の穂先は目もくらむ陽光を照り返し、彼らの旗はくすんだ背景の前で色とりどりに翻り、彼らのトランペットは山から山へとこだまするにちがいない。

だが、否! 日に次いで新しい日が現れるのは同じ静寂、同じ孤独のなかであり、見る人は、死者の変わるはずのない容貌を無駄な期待をもって凝視していたことを悟って、ついに耐えきれず背を向けてしまう。

大行列ははるか昔にこの国を通っていった——通り越してしまったきりなのだ。ティーターン〔ギリシア神話で、ウーラノスとガイアが生んだ巨人の一人〕の大きさをもつ過去の遺跡が散らばった、人類の活力の母なるペルシアは躍動する世界から脱け落ちてしまい、その風景の単純さは死の荘厳な単純さにすぎない。「ああ、かわいそうなヨーリックよ！」とハムレットは言い、まったく思いもしなかったときに、生者から死者への飾りけのない憐れみの意を表する〔『ハムレット』V—一。親しかった道化師ヨーリックの骨が掘り出されたのを見ての述懐〕。ペルシアもこのような姿では、憐れむに値しようとも嘆賞すべきものではありえない。

ところがテヘランの北では、シェミーラーンの山裾の斜面が庭園と麦畑で被われている。それは、自然の不思議な気まぐれのおかげで、オクサス〔中央アジアのアムダリヤ川の古称〕の流砂から石油のしみついたバクーの黒土にかけてカスピ海の南岸に緑の帯をひろげる密林が、山脈のまん中を貫いて地下茎を伸ばし、砂塵と岩石のなかにまで抑えがたい繁茂の足がかりを見つけたかのようだ。

首都そのものは、西から近づくと町というよりも森の外見を呈している——光塔《ミナレット》も塔屋も円蓋も町にそびえる目じるしではなく、町のこうした矮小な建造物は庭園の樹木に隠れている。旅人が「やっとテヘランだ！」と言えるのは、市壁の真下まで辿りついたときなのだ。

町の生命は、水の流れ出る雪山にかかっている。山と町との間の地下には天井を石で畳みあげた水路が網の目のように掘られている。その換気用にほぼ五十ヤードごとに通気孔が穿たれ、孔の口は盛り土で保護されている。町の動脈をなす導水路のなかは人の肩幅ほどの広さで、かろうじて立って歩ける高さしかない。膝まで水に浸かって凹凸のはげしい坑床によろめき、天井の低いところでは二つ折りに身をかがめ、岩盤を掘削した狭い曲がり角を押し通ってみる。両側に開いた暗い孔はほかの水路につながり、左右から支流を引き入れ、そしてときどき通気孔にさしこむ日の光が、方向を誤った槍の穂先のように地中深く迷いこんで暗闇を破る。これを造る熟練のわざが、古い時代に山脈の麓に住みついた今よりはるかに多い人たちによく知られていたのだろう、そのようなところではほかの形の灌漑も貯水もあるわけはない。それは、厄介で困難を伴うやり方である。カナートが崩壊したり、木の根がはびこって詰まってしまうことがないようにするには常時の監視が必要で、もし手を抜くようなことがあれば、数年を出ずしてテヘランはその存在を終えるであろう。

テヘランが、何の取り柄で首都の座を占めているのかは謎である。べつに地場の産業があるわけではない。不毛の砂漠と、踏破できるのは騾馬のキャラバンのみという狭い山道が、テヘランを西方とのあらゆる交通の便から遮断している。エスファハーンは、重みのある過去の伝統を持っている。シーラーズには、さらにすばらしい古代の文物のなごりが漂う。カズヴィーンはカスピ海に百マイルも近いところに位置している。だがテヘランは、いまの君主一族の思いつきで要地の意味を与えられた新しい政府所在地にすぎない。

市内に入るには多数の門があり、彩色タイルを文様や絵柄や銘文に嵌めこんだ装飾のあるアーチと小塔が設けられて、土壁のつらなりを断っている。城壁で囲まれた地域は広大なものだが、そこが家屋で埋まっているわけでは決してない。西側の門のひとつを入るとまず、建築中か撤去中かの建物の間に延びる砂の荒れ地がある。[1] ときには、長い土塀に開いた入口から水槽や泉水や花壇でいっぱいの樹木の生い茂った庭園が垣間見え、そのプラタナスの下には、荒れ地を豊かな遊園に変えるだけの水を毎週与えることができる富者の家がある。さらに行くと広い通りに出るが、両側に低い、泥壁の家々が並ぶだけで、人影はまったくなく静まり返っている。徐々に街路は狭まり、商店の前に斜めに置いた台には行き交う人に品物が並べてある――果物や野菜、そして薄く平たいペルシアのパン。あちこちにヨーロッパ風のショーウィンドーもあるが、商品は雑多で、買い気をそそるようなものではない。ところどころに何かの役所の前面が見え、その入口には彩色煉瓦で派手な模様が施してある。道がさらに狭まるにつれ、人通りが増えてくる。珍奇な姿の人たちの万華鏡のような世界が、舗道の丸石の間に生えた真桑の木の下に行き来する――つつましやかにマントを羽織った重々しい風貌の古老、ウエストのあたりに腰布をつけ蓬髪をけばけばしい襟巻で締めた修道者《ダルウイーシュ》たち、頭から足まで黒の寛衣をまといリンネルの面被を顔に垂らせたところはどこかの風変わりな教団員でもあるかと思わせる女たち、黒人の奴隷に白い長衣のアラブ、乞食に風来坊、そして騎馬の人と馬車の間を押しあいながら出入りする子供の群れ。乞食が近寄ってきて声をかけることもある――ときには女で、面被の端をたぐりよせ、甘い、だが高い声で施しを哀願する。その願いに耳を貸さないでいると、女は呪いを吐きかける、だが銅銭一枚で、人の知るかぎりのあらゆる幸せを購うことができる――当のご婦人が姿を消すことも含めて。さもなければ彼女は恥ずかしげもなくつきまとい、耳もとに叫びつづけることだろう、「プール、プール、プール！（お金、お金、お金を！）」。

とある街角で、一団の兵士が桑の木の枝を揺すり、足もとの塵埃に落ちる味けのなさそうな実をむさぼり食べている。外国人がペルシアの軍隊を見かけで判断すれば、彼らの生存はもっぱら真桑にかかっていて、夏の終わるとともに飢餓状態に陥ると決めつけたくもなろう。東洋では、主計官の手には糊がついているのだ。ひらの兵士の給与は、ごくわずかな部分しか彼らには届かず、ごみの味のついた桑の実は、少なくとも費用のかからぬ食餌となる値打ちがある。兵士の外観は、敵の心をおびえさせるようには作られていない。足どりは大儀そうで、制服はほころび色あせている。シャツをズボンの外に出していることも珍しくなく、灰褐色になったリンネルの肌着の襞飾りがほころびて上着の下に垂れている様子は、ほかのことはともあれ、いくさにだけは似つかわしくない。その気質は極端に子供っぽく、またおとなしそうだ。当番中に、たとえば小さな車のついた水車をこしらえる、といったくだらない遊びごとをして面白がっている。王宮前の流水で回転させると、その動きが前を行きつ戻りつするたびに彼の目を楽しませるのだろう。あるとき、さる要人が南部の砦を訪れたときに目にしたのは、入口の守備兵の一人がせっせと靴下を編んでおり、もう一人は林檎を売って律儀に稼いでいるところだった、という話（さもありなん、と思わせる）すらある。それでもやはり、国王《シャー》［カージャール朝第四代、ナーセロッディーン・シャー、在位一八四八―九六］は自分の軍隊を誇りとしている。彼は兵士に新しい制服を考案してやって至福のひとときを過ごす――ヨーロッパの思い出［在位中に三度訪欧］とオリエント風の明色好みがおそろしく奇妙にまざりあった制服だ。

市街の東北方へむかうと、町の壮麗の最たるもの《ヌ・プリュ・ウルトラ》とされる大きな方形の広場に入る。シャーが、例年の犠牲祭［巡礼月の十日から四日間かけて動物犠牲を供する、断食明けとならぶイスラムの大祭の一つ］で務めを果たすのはここであり、またここにテヘランの住民が群れをなして集まり、イスラム指導者《モーラ》たちが一頭の駱駝を屠るのに立ち会う。この行事は、アブラハムが神の指示に従って祭壇の上にイシュマエルを縛りつけた（というのは、イスラム信者はあの言い伝えの主人公だったのはハガルの息子だと主張しているので）ことを[2]、国事の苦労が絶えないなかでもシャー陛下が忘れていないあかしなのだ。

駱駝は倒れるやいなやモラーたちのナイフで切り分けられる。すると手近の見物人が犠牲獣の肉の一部に跳びつき、全速で駆けて王宮へ持ってゆく。第一着のものには大きな褒賞が与えられるのだ［広場は現在のメイダン・イマーム・ホメイニー（革命前はメイダン・セパー）で当時は「大砲広場」と呼ばれ、南に位置する王宮までは場所にもよるが三、四百メートル］。

広場は、その大きさにもかかわらず、世慣れのしたヨーロッパ人の目には好ましい印象を与えはせぬ、ということは認めねばならない。広場に入るいくつかの門の装飾は無粋な現代風のタイルだし、門のスタッコ仕上げの表面をいい加減に飾っているのは、おそろしくまずい描きようのフレスコ画のライオンである。二頭のライオンは、背後から昇ってくる釘状の光が円をなす日輪を気がかりげに見つめている。

それに広場には、美しさの欠如を償うような繁忙な人間のいとなみも見られない。王宮のある

「お城《アルク》」［ほぼ五百メートル四方の低い土壁で囲まれた一画。城郭ではないがこう呼ばれた］にいたる門のあたりには、なるほど多少の活気がある――兵士の集団の単調を多彩にしているのが、あざやかな緋色の官服をまとい、銀の轡《くつわ》と馬銜《はみ》をつけた馬に跨る王宮の従者の姿だ。そしてまた、シャーの走り使いたちの変わったお仕着せである。その衣裳というのがトランプの絵札のものとそっくりで、頭に冠っているのは教会や大学の儀官の姿と道化師のそれとを兼ね具えている。しかし、これらを別にすれば広場はどちらかといえば人けもなく、中央に時代ものの大砲が据えられた小庭のまわりは風が砂埃を吹き掃っていた。

狭い、むさくるしい通りをゆくとバザールに出る。そこではほんとうに美しいもの、貴重なものはまず見つけられないけれど、群がる人々の東洋風の生きかた自体が楽しみの尽きせぬ源泉だ。

夏の日の朝、アーチ型の天井に蔽われた涼味が陽光を気持ちよく遮ってくれるとき、そして日中の暑熱でバザールの動きが止まってしまう前に、そこへ馬を乗り入れてみよう。入口の物かげに、一人の小さな商人《あきんど》がオリエントの商いの象徴のように戸口の段に貼りついて立っている――しかつめらしい、長衣をまとった子供で、まだほんとうに小さいため、ターバンをつけたかわいい頭が母親の目から離れたときには、彼女の胸はうずいたにちがいない。この小人類は何束かの花を売り物にもってくると、自分の前の大きな石の上に並べた。そしてこの即席の店舗に身動きもせず落ちつきはらって立ち、往来する人々を見守り、堂々たる根気のよさでだれかが足を止めて買ってくれるのを待っている。彼の幸運を祈ろう、ただし息をひそめて（異教徒の祝福など、恨みに思うだろうから）、そしてバザールの暗いアーチの下へ入って行こう。

とにもかくにも、ここは喧騒のかぎりである。荷を積んだ騾馬や驢馬の列が人の乗る馬を側溝へ押しのけ、「アヴァルダ!――道をあけろ!」と叫ぶ声など気にもとめない。手慣れた様子の家婦たちが、面被《ヴェール》に隠れてはげしく値切りながら狭い通路を塞ぐ。空腹をかかえた男の群れが、ひたすら朝食を求めてカバブの焼き台のまわりに集まっている。万事せかせかしているなかで店主だけは動ずることもなく、商品に埋もれて胡座《あぐら》をかいて座り、水煙管《キセル》で朝の一服をたしなんでいる。通路の両側からは、アーチ天井の道が隊商宿《キャラバンセライ》や上層の市へ続く。その一つに綿製品の売り手が陣どっていて、カウンターには隅にマンチェスター製の印のある安物の捺染織物が積みあげられている。隣は本屋の一画で、学者の閑暇といった空気が流れる。こちらには果物屋が列をなしており、葡萄《ぶどう》やメロンの山の間に凝乳を入れた陶器の鉢が置いてある。あちらでは細首瓶に入った薔薇水を買うことができる。さらに行くと金物細工師の通りがあり、きらきらした騾馬用の鈴が花綱のように繋がって店台の上に懸かっている。つぎのかどをまわると鍛冶屋の火が、筋肉を張り切らせて鉄床に向かう半裸の姿に輝いている。バザール全体が、人の話し声と騾馬追いの叫びとキャラバンの鈴と鍛冶屋の槌音で鳴り響く。空気には、果物と炒め肉と商品と人いきれとの、なかば饐《す》えたような、なかば芳香のような異臭が浸み透っている。日光は、屋根をつくる無数の小ドームのそれぞれにあいた丸い穴を通して頭上から入ってくる。一つ一つの穴から、燦然たる光の矢が降る。それはまわりの暗闇を刀のように切り裂き、閃光の連なるなかに急ぎ足で過ぎる群集を照らし出す。白いターバンと明るい色の長衣が、それをまとう者の往来とともに陽光と陰影との無限の繰り返しとなって煌《きら》めき――そして消え、煌めき――消える。

こうして狭い、曲がりくねった通路につぐ通路に馬を進めてゆくと、耳には物音が、目には色彩が、心には休みを知らぬ生気が満ちあふれる。

そして平静を取り戻すまもなく、日ざしに照らされた広場に出る。そこはマシュハド門［イラン東北部の聖都マシュハドに通ずる街道の起点。現存しない］のなかにあり、干し草が山と積まれて、群れを解かれた多数の騾馬がいる。ここでもまた、町は動いている。分封する蜂群のように押し合いながら、人々はアーチの下の通路を通ってゆく。シャー・アブドル・アジーム[3]の草地から、百姓が驢馬にロープで縛った草の束を載せて追いこんでくる。駱駝の列が、南部や東部の大きな町の産物を運んできて門を通過する。忙しげな役人たちが、用務をかかえて朝早くからテヘランへやってくる。樹かげには塩味のナッツを売る者が腰を据えている。道ばたには乞食が横たわり、マシュハドから戻ってきた巡礼は、家路の行き先が目に入ったことで足どりを速める。

西部の、人けのない道の印象がまだ記憶にあたらしい者にとって、バザールとこの東門のありさまは驚きである。テヘランは、西から見れば外界との接触をすべて断たれた死者の町のようだったが、やはり活気に満ちて、それ自身の一つの世界と密に繋がっていたのだ。この砂塵と日光のなかに、いきいきとした東洋の縮図がある。そして人目につくこともなくこのような門に立っていると、旅をしてきたのが無駄ではなかったと認めたくなる。けれども、それぞれの用事にかまけてこちらには軽侮の一瞥以上のものは与えるまでもない人たちが、奇観の列をつくって前を通ってゆくのを見ると、私たちとの間にはなんという大きな隔たりがあることかと実感させられる。東洋が、目をむけるのはそれ自身である。それは、私たちが市民をなす大きな世界のことは何ひとつ知らず、われわれのことも、われわれの文明についても何ひとつ訊ねようとしない。

訳　注

(1)　西側の門のひとつを……――一八七〇年代の初めに市域が拡大され、周囲十一マイルの新しい城壁が造られたが、旧市街との間にはまだ広い空き地が残っていた。

(2)　アブラハムが……――アラブ人の祖とされるイシュマエルはアブラハムがエジプト人の下婢ハガルに生ませた子。旧約聖書によれば、エホバは正妻の子イサクを犠牲に供せよと命じてアブラハムを試すが、アブラハムがそれに従ってイサクを祭壇に縛り、焼こうとしたことにより、エホバの赦しを得る（創世記一六、二一、二二章）。一方イスラムでは、この故事をイサクでなくイシュマエルのこととする、というもの。コーランの記述（二―一一八～一二一）は、この挿話で子の名前を明示しないまま、イブラーヒーム（アブラハム）とイスマーイール（イシュマエル）がメッカのカーバ神殿の礎石を築く話に移る。

(3)　シャー・アブドル・アジーム――テヘラン東南の村レイ（第二章参照）に現存するシーア派の聖所。壮麗な黄金のドームをもつ。九世紀にバグダードから逃れて隠棲した聖者アブル・カセム・アブドル・アジームに由来するという（カーゾン vol. 1, p. 345/6）。著者訪問の四年後の一八九六年、ナーセロッディーン・シャーはここで暗殺された。

2 沈黙の塔

テヘラン東方の「沈黙の塔」（ベンジャミン）

はるかな昔、ペルシア人がさだかには知れぬバクトリア［現アフガニスタン北部地方］や不気味なヒュルカニア［カスピ海東南岸地方の古名］の森のなかから初めて姿を現し、カスピ門[1]を越えたとき、彼らは地域の東北にひろがる沃野に来あわせた。その地は、のちにメディアと称することになる。そこで彼らは、いまホラーサーンと呼ばれている地方の端に一都市を築くが、それは世紀を経て大をなし、富と力を蓄えた。ギリシア人はこれ（町の評判は文明化した世界のはてまで伝わっていた）をラーゲス［テヘランの東南約八キロにある古代遺址の村レイの古名］と呼んだ。ヒュルカニアとパルティアへの関門にあたるこのメディア王国の都市の地理的位置は、少なからぬ重要性を町に与えることになる。

ユダヤ人はこの町のことをよく知っていた。信心深いトビトが、ニネヴェ捕囚のときに銀十タラントを預けていたあのガバエルはラーゲスの住人だった。そこへ向かってトビヤスが旅に出たときに天使ラファエルが現れ、魚のもつ病気治療の効能を教えたのだ[2]。またユデト書の作者の述べるところでは、そこに君臨していたフラオルテスをネブカドネザルが投げ槍で打ち倒し、死に追いやったという[3]。

「日の老いたるもの」、ラーゲスは、その長い歴史の間に有為転変を経ている。最後のダレイオス

［三世、前三三〇没］はアレクサンドロスの軍に追われ、アルベラ［ティグリスの上流、ニネヴェ東方のガウガメラ近辺。会戦は前三三一年］で撃破されたあと、ラーゲスの城壁の下を走ってホラーサーンの大平原を越え――カスピ海東南の山間に逃げこんだ末、あこぎなバクトリア太守《サトラップ》(4)の手にかかる不運の途を選んだ。おそらくラーゲスで、寛仁なアレクサンドロスは好敵手の時ならぬ死を悼んだのであり、そこの宮殿からベッソスに対する仇討ちに乗り出し、そして捕らえられた太守が処刑のために引き立てられるのを見たのである。

　地震とパルティアの侵略者によって再度にわたりこの町は破壊され、二度とも新しい名のもとに立ち直った。しかし十二世紀になって、ついにパルティアの略奪団よりも破壊的な、地震よりも懲罰的な敵がここちよいホラーサーンを嘗めつくし、肥沃の国をいまにいたるも変わらぬ荒蕪の地とならしめた。世界のさいはてから渡ってきたタタール人は、ラーゲスに石ひとつ立ったままでは残さず、偉大なメディアの町は人類の歴史から姿を消してしまう。その数マイル東北［西北の誤り］に、現代ペルシア――過去の光輝ある伝統はフラオルテスの城壁の威力とおなじく忘れ去られたペルシア――の都となるテヘランが現れた。「ジャムシードが誇らかに振る舞い、痛飲した宮殿は、獅子と蜥蜴《とかげ》が守って(5)」いるけれども、ペルシアの町々の母なるラーゲスの礎石は想像で跡づけるほかはない。

　ある朝、私どもは荒れはてて人影もないところに馬を進め、この死者の町と砦を訪れた。早朝のことで、日はまだ東の山脈の上に出ていない。私どもは眠っているテヘランを脱け出し、市壁をめぐる人けのない道を進んだ。左手には透明な暗がりに包まれた荒野がひろがり、ゆるやかに傾斜して、マシユハド道がうねりながら越えてゆく不毛の前山につづいている。まだいくらも行かないうちに、一条の閃光と突然の煌めきとともに太陽が雪嶺の上に躍り出て、昼が、平原を一面に襲ってきた――ラーゲスのまわりの豊饒な小麦畑や草地ではなく、砂塵と岩石と砂漠の叢を、そして冬を重ねるうちに皺がより地肌が露出した、近寄りがたい山々をあらわに見せる、むきだしの、ぎらぎらした昼だった。

やみくもに潰走するダレイオスと勝ち誇った征服者の姿が眼前に彷彿とする私どもにとっては、古代の要砦跡の周囲に起伏する大地は、積み上がっては砕けた小塔や塁壁となり、陥没しては痕跡もほとんどとどめない堀や溝と化した。城壁があったと空想をめぐらせるあたりにはがっしりとした一塊の煉瓦積みが残っており、私どもの気持ちは、この整然たる煉瓦工事にアレクサンドロスの目が注がれたことも突飛《とっぴ》とはいえありえよう、という思いの上をさまよった。時は胸壁に入口をつくった、だが砂漠は、まだそのなかに疑問の余地のない支配を確立してはいない。

城壁の下で、一本のプラタナスの木かげに湧き水の池があるところに出た。ベセスダで、病を患う人たちが群れをなして水面の動くのを待ち望んだのは、(6)このような池のほとりだった。だがラーゲスではすべては寂寞《せきばく》として、「待ちわびし主の御使いは二度と現れざりき」。

東のほうに、二筋の丘陵が並行して砂漠から盛り上がり、はるか南へエスファハーンにいたる砂漠のひろがりとの境をつくっている。丘陵の間は石の多い谷になっていて、そこへ足を向けて登ってゆくと、着いたところは荒涼のきわみ、万物のはてだった。山腹の中ほどに一基の塔が建ち、石灰を白く塗った壁はあたり一帯から目印になっていた。正面の山脈のはるかな頂きからさえも「沈黙の塔」は見えて、あこがれ多かりし日々のむなしさを生者に思い出させる、あざけるような光輝を放っている。つまりこの塔こそ、死者のわびしい旅の最初の宿駅なのだ。彼らはここへ来て、自分の骨が聖なる元素［教義上神聖視される火と土］を穢《けが》すおそれなく土中に休らう前に、そして魂が惑星たちの七門を通って太陽の聖火に達する前に、肉のマントを脱ぎ捨てるのである。

塔には屋根はない。内側は、壁面の上端から十ないし十二フィート下に白亜質の壇があり、そこに安置された遺骸は太陽と禿鷲がむさぼり尽くすのを待つ。このおぞましい塔室は、空《から》だった。ゾロアスターの信仰はかつてそれが支配していたメディアの国以後はすたれ、いまでは大空の下でオルムズド［ゾロアスター教の主神アフラ・マズダ］に祈りを捧げ、遺体が石の谷を運ばれて「沈黙の塔」に投げ入れられる信者は数少なくなってしまった。

私どもは馬から下り、丘の斜面に腰を下ろした。眼下にひろがる平原は、山腹に浪が打ち寄せてそこに永遠に固定してしまった単調な大洋のようだ。山自体の足は砂埃の大波の中にしっかりと根を下ろし、輝く峰は雲一つない空に聳えているのが見える。赤裸の地球の骨そのものが目の前にさらけ出されていて、その生成のありようが明らかだった。

息絶えた世界のしじまがなおも重苦しく頭上を被うなか、私どもは谷の上手の出口にむかって足を進めた。ところが平原への門のところで、「生」が私どもに会いに現れた。野生の立葵《たちあおい》が一本、石のなかに立哨をつとめていたのだ。すでに何枚かの黄色い花弁を旗としてひろげ、持ち上げた槍の先には芽が開花を間近にして膨らみ、クリーム色を呈している。夜に降雨があり、その刺を小さな花の深紅の衣でくるんで、荒野自身に生に復帰するよう呼びかけていたのだ。

私どもの肩に、かぐわしい日の光が射す。ここちよいそよ風が、蘇生する地球の湿り気を帯びた甘い香りを颯々《さつさつ》と送ってくる。私どもの馬も空気に鼻をうごめかせ、その場の雰囲気を嗅ぎとって小気味よく轡《くつわ》を引き、全速の足どりを雨で柔らかくなった大地に踏み出す。私どもも沈黙を脱して、みずからの生きてあることを思い起こした。生が私どもを捉え、私どもに熱狂の歓喜感を吹きこんだ。

馬を進めてゆくと、活気に満ちた風と、豊かさにはちきれんばかりの土壌が「生命！　生命！」と叫んでいる。生命！　生命！　慈愛深きものよ、壮麗なるものよ！　老齢は私どもにはほど遠く——死も遠かった。私どもは彼を、亡霊の町々と、彼の話相手としてはもはや用をなさなくなった信仰とともに不毛の山地で王座につけて立ち去った。私どもには広大な平原と無際限の世界を、私どもには朝の美と新鮮を、私どもには青春と生きてあることの喜びを！

訳　注

（1）　カスピ門——古来 Pylae Caspiae と称された険阻な山道で、その場所はカスピ海南岸のアルボルズ山脈中の各所に比定されてきたが、まだ定説はないようだ。

（2）　信心深いトビトが……——旧約聖書外典トビト書全編を通じて述べられた物語。敬虔なユダヤ人トビトが、アッシリア王セナケリブの時代にニネヴェで捕囚となっているうちに失明。ラーゲスのガバエルに預けてあった銀を受け取りに息子トビヤスを送る。そこに天使ラファエルが道案内として現れ、同行する。途中ラファエルの指図でティグリス川で大魚をとり、ニネヴェに戻った後その臓物でトビトの眼病を癒したという。

（3） ユデト書の……——旧約外典ユデト書一―一・五・一五に、「アッシリアの王ネブカドネザル」がラガウ（ラーゲス）の野で「メディアの王アルファクサド」を破り、山中で投げ槍で殺したとあるが、王名はいずれも史実と異なる。一方ビーストゥン（イラン西部）の磨崖碑文に、ダレイオス一世（在位前五二二―四八六）がメディアの叛王フラオルテスを捕虜としたことが記されていることから、ユデト書の記事はこの史実を述べたものとされる（カーゾン vol. 1, p. 348）。著者の記述は、上記の二つの内容を混同したか、あるいは一まとめにしたものであろうか。

（4） バクトリア太守《サトラップ》——ダレイオスの臣下でありながら、避難してきた彼を謀殺して遺体をアレクサンドロスに引き渡した将軍ベッソスのこと。のちアレクサンドロスにより処刑された。

（5） ジャムシードが……——ウマル・ハイヤームの『ルバイヤート』の一句。著者は、エドワード・フィッツジェラルドの英訳初版に取り入れられた七十五歌の第十七歌を用いている。ジャムシード（七百年間君臨した神話上のペルシア王）の宮殿とはペルセポリスの異名。

（6） ベセスダで……——新約ヨハネ伝五―二～四。原文でベセスダ Bethesda（エルサレム羊門そばの霊泉）が、ベスサイダ Bethsaida（ガリラヤ湖岸の町）と誤記されているのを修正。

3 庭園賛歌

シェミーラーンの村アラジェーブでアメリカ公使館が夏の公邸に借りていた山荘（ベンジャミン）

エリザベス朝のある歌曲集に、東方での人生訓にしてもよさそうな二行連句がある――「汝が恋は汝の恋にあらじ」と「詩神《ミューズ》の歓喜の庭」の作者[1]はいう（かなりおおげさなその表題も、いささか古風な詩句の調子にふさわしい）。

汝《な》が恋は、汝《な》のみのものにあらずんば汝《な》の恋にあらじ、
されば、人に知らるればもはや恋にてはあるまじ。

人に知らるれば！　まさにそのとおり！　占有のあらゆる魅力は、好奇の眼の凝視の前には消え失せる。その眼にとっても、知りつくしたあとでは魅力は追いやられる。三十世紀にわたって世界の凝視を保ち続けるには、スフィンクスの謎が必要なのだ。東方は秘密に満ちている――その価値を知ることで東洋人《オリエンタル》を凌ぐ者はない。また秘密に満ちるがゆえに、東方はわれを忘れさせるような驚異に満ちている。外観上も、すばらしいものが数多い。目もあやな色彩、燦然たる日光、荘重な孤独、そうぞうしい人の営為――けれどもこれらは、東方で人生の奥まったところの前にいつも掛かっている幕

の模様にすぎない。本来の魅力は、もっと捉えにくい質のものだ。それは、その欲するままに現れ、消えてゆく。街で通りすぎる、装飾も窓もない家の開いた入口から、馬勒《ばろく》に手をかける乞食女が面被を引きあげた下から、あるいは子供の黒い、侮るようなまなざしから、ちらりとひらめくのだ。そして東洋という女は自分の幕を引き開け、その宝石の刻面《ファセット》の煌めきを眩惑された当方の目に浴びせ、呆然と自失するものに嘲るような忍び笑いを洩らしてふたたび姿を消す。一瞬の間、彼女の顔を見据えたという気がするけれど、それが天使か悪魔かといぶかっているうちに相手はいなくなる。

彼女はじっとしていない――思いがけぬことが好きなのだ。自分の秘密を明かさず、その秘密で人をじらす魅力を保とうとする。そして、人目を欺く彼女の魅惑のいくらかをようやく捉えたと思ったとたんに、こちらは被衣に包まれた人影と飾りもない家の表だけのところへ戻されてしまう。

したがって、待つことに甘んじなければならない。ひょっとしてある日、涼しい宵に庭を散歩する彼女が目に入れば、先方から足を止め、話しかけてくる気をおこすかもしれない。すると、その丁重な言葉と雅やかなもてなしに魅せられて、立ち去ることもできるだろう。

というのは、彼女がもっとも彼女らしいのは彼女の庭園のなかだから――庭園は彼女の魅力を分かち持ち、彼女と同じように思いがけなく現れるからだ。

死滅した世界が裸地と化し、さびれはてて、星の散らばる空間を回転するときに見せるような光景を、前後左右に想像してみるといい。塵雲が舞い上がり、降り、巨大な円柱をつくり、そして気まぐれな熱風の吹くままに石原の間にふたたび沈下する、灰色の、特色もない平原。日光がぎらつく白い岩塩の原。地平には不毛の山脈の外縁……しかしこの荒涼のなかに、東方のなぶるような眩惑の美しさが潜んでいる。多少の水、それさえあれば砂漠はたちまち花を咲かせ、砂塵とまばゆい白光のただなかに涼しい樹かげが現れ、柔らかい色の晴れやかな筋が灰色の広がりのなかに輝くのだ。

泥壁に開いた入口を通るときには胸がはずむ。一方の足を不毛の荒野におき、片方を日かげの多い花盛りの楽園において立てるほど、その対照は際だっている。プラタナスの広葉が密生した下には小川のせせらぎがあり、噴水のしぶきの快い、さわやかな音がする。白薔薇の茂みはかぐわしい香りのはなびらを、地面のそこだけに影が凝縮したような、深く、静かに横たわる池に落とす

ペルシアの庭園のえもいわれぬ魅力は、ペルシア人自身にもはっきりと感じとられている――「草を撒き散らした細い帯、それが荒野と種子《たね》蒔くところを分かつもの(2)」の譬えは永遠に美しい。またペルシアの詩人は庭園賛美を精妙な詩にうたいあげ、その書に庭の名を冠している。詩神《ミューズ》たちは、わがエリザベス朝の歌曲作者の手になるどこかもったいぶった庭園よりも、もっとしばしばサァディー［十三世紀ペルシアの詩人］の『薔薇園』のほうを逍遙したのではないだろうか。

テヘランのまわりの砂漠は、点在する庭園の美しいことで知られる。国王《シャー》はそのいくつかを持ち、ほかにも王子たちのもの、有力な大臣や富商たちのものもある。ときには入口に鎖が張られていて、庭園がバスト――聖域であることを示し、そのようなところにヨーロッパ人が立ち入ることはできない。ただ罪を犯したお尋ね者が逃げ込めるところは、さいわいなことにわずかで、ふつうは訪れる誰

にも庭園は開かれている。

おそらく、そのなかでもっとも美しいのはシャーの持ちもので、館の壁や塔を頂く小さな岩山の裾にある。ある夕方、砂漠にあてもなく馬をゆっくり駆《カンター》けさせたあとその門の前に出たので、なかへ入ってみることにした。入口の小さな中庭を横切り、長い、暗い並木道に出た。その中央あたりに噴水と花壇があるが、植わっている植物は日光の不足で青白く、貧弱だった。端のほうでは、薔薇水《しょうびすい》の香りづけに使うピンクの花をつけた薔薇《ばら》と、白と黄の花が泡のような茨の茂みが、プラタナスの深い蔭の下にありながら育っている。細流はすべて菫《すみれ》の葉で縁どられていた——春のこと、砂漠に出てまだ遠く離れているというのに、菫の香りが、歓待の腕を開いて石段を下りてくる客扱いのいい友人のように迎えてくれるのを思ってほしい。交差する並木道を歩いていると、突きあたりに小さな館のある、ほかよりも広い通りに出た。あまたの小川が一面に流れ、壁の下を部屋のなかへ流れこんでいた。前面の噴水は絶え間なく水音をたて、奥行きのあるバルコニーの幅一杯に上から半分だけ垂れている柄ものの窓掛けの重そうな襞が、快いそよ風に揺れている。小さな館は、半ばはせせらぎ、半ばは大きな窓掛けのかすかな揺曳《ゆらぎ》から生まれたかのように、この世のものとも思われず幻想的で、まるで色タイルの珠玉をちりばめたお伽の宮殿だった。石段を二つ三つ昇り、狭い廊下を行くと、青いタイル貼りの主室——暑い夏の間は、そこに寝そべって夢想にふけっていたいような——があった。部屋の中央の噴水からは水がこぼれ、両側の窓は地面まで開け放され、アーチ型の天井と壁龕《へきがん》には鏡ガラスのモザイクが貼られて、菱形や三日月形のなかにタイルの青と波うつ水のしぶきが映っていた。

窓の下枠の厚い段に腰を下ろしていると、扉が静かに開いて長衣をまとったペルシア人が入ってきた。弦が震えて音をたてる楽器を手にしていたが、噴水のむこう側の縁に座り、かぼそい弦を爪弾いて玄妙な、旋律のない曲——終わりのない、もの悲しい短調の——を奏で始めた。宵が深まり、きらびやかな室内にたそがれが立ちこめ、噴水の泡立ちも弱まってやがて沈黙し、風は薔薇の甘い香りを私どもが座っているところへ送ってくる——でもペルシア人は曲を奏で続け、庭では夜鶯《ナイチンゲール》が柔らかな声を震わせて仲間を呼び合っていた。

一、二週間経ってから、私どもはまたドシャン・テペ〔テヘラン旧市街の東北約五キロ、「兎が丘」。館は現存しない〕を訪れた。このとき、そこにはペルシア人の一団が集まっていた。彼らは、並木道の奥にある溜池の縁に腰を下ろしていた。男と幼童だったが、いずれも緑と黄の長衣を着ているのが、入っていった私どもの目にはプラタナスの葉かげでも色がくすまない、あざやかな水生植物の斑点のように映った。けれども、あの楽人は現れなかった。彼は賢明な魔術師で、「天の端から端まで、ごく限られた耳のほかには」自分の紡いだ魅惑を聞かせはしなかったのだ。

山麓に、好奇心をそそる過去を持つ、うち捨てられた庭園がある。それはシャーの長男、ジルエッソルターンの持ちものだった。(3) 彼はそれを、母親つまり若かりし頃の「諸王の王」を捉えたあの「うるわしき水車小屋の娘《シェーネ・ミューレリン》」から引き継いだのだ。ジル(その称号を翻訳すれば「王の影」だ)は、シャーの不興を買っていた。シャーの影は長く伸びていて、それが縮むようなことがないようにと、ジルはエスファハーンを離れることを許されていない(4)。このゆえに彼のシェミーラーンの庭は無人で、その家は荒れはてていた。建っているのは山からほとばしり出る急流の岸で、かつてはそこに水車が回っていたのだろうと思いたくなる(もっとも、いろいろ言われるが娘は決して粉碾《ひ》きの子ではなかったという人もある(5))。庭園の自慢は何本ものりっぱなプラタナスの樹で、ある夕方、私どもは樹立ちの下で枝にペルシア提灯を吊るしてピクニックを楽しんだ。夜が、丈の高い待宵草に黄色の花をもたらし、かぐわしい香りが崩れかけた壁を被うジャスミンのそれと混ざりあっていた。樹木のなめらかな幹に提灯の明かりが映え、葉かげには欠け始めた月が弱い光をさしかけ、背後には山腹が一面の輝きとなって連なっている。私どもは、エスファハーンのジルの宮殿を羨ましいとは思わなかった。

またもう一つの庭園では、持ち主が在宅中だった。早朝のことである。彼は戸口の石段に立って、自分の村の二人の争いを裁いているところだった。相手は男と、面被をつけた女で、彼の仲裁を求めてやってきたのだ。二人とも大声を張りあげていた。女は躍起になったあまり、たしなみを忘れて金切り声で叫びながら神の照覧を乞い、厚手の亜麻布の面被をはねのけて、声だけでなく目と表情でも訴えようとするかのごとくだ——あるいは、それが手だったのかもしれない、黒い外被と白の亜麻布の襞が誰かの描いたマドンナの頭を包む布のように面にかかった彼女は、黒い瞳に色白の美しい顔立ちだったから。名も知らぬ主人は、私どもに目をとめると、さわがしい訴願人を下がらせ、ペルシア民族古来の宝であるあの礼節でもって私どもに挨拶をかけた。腰掛けが運ばれ、お茶とコーヒーを奨められ、そして青い木綿の服を着た大勢の庭師が、籠に入れた青い李《すもも》とレタスの皿とぎごちなく揃えた花束をもってくる。私どもは腰を下ろして話を交わした。活気がありすぎる、というものでなく、ところどころでたまに言葉を差し挟むだけだが、話がとぎれたときも水煙管《カリヤーン》の泡立つ音でなごやかだった。やがて私どもは席を立って別れを告げたが、庭の小道を下りてゆきながらも主人との間には数々の挨拶の言葉が行き交った。門のところへくると主人は、歓待をよろこんで受けてもらえて、あなたがたの奴隷である自分は面目を施した、と語った。私どもは深くお辞儀をして馬に乗り、立ち去った。

実は、私どもは彼の独居を妨げたわけではない。それどころか、彼の領分にはあの歓待のもとでさえ人の入るのを許さぬ部分があったのだ。私どもが迎えられた館の裏は女たちの住まいだった。深い池のほとりに建つ長く低いベランダのついた建物で、水際ではきまじめそうな子供たちがもったいぶった遊戯に余念がなく、面被をつけた何人かの女が行ったり来たりしている。樹立ちに隠され、見たところどこか侘びしくて手入れもされず、庭の一番端の花の香りも届かぬところで始末されてしまったような「奥《アンデルーン》」とその住人の眺めは、満たされない、目的を欠いた、味けのない生へのうらぶれた思い——もの悲しい、終わりのない短調の——で人の心を打つ。

こうして荒蕪のなかで、高壁に囲まれて、秘めやかな、謎めいた東方の人生——ヨーロッパ人が入りこめない、その基準、その規範が彼のとは違いすぎるために、それらが支配するすべての存在が彼には曖昧で、非現実的で、不可解で、どうにも端倪《たんげい》を許さぬと思われるような人生——が流れてゆく。その人生とは、漠然たる絵画性と、言いようのない鈍麻感と、無気力に移行した安逸と、美徳の域を越えてしまった静穏のほかには、印象に残る何の目立った特徴もないほど単調で、いかに時代を重ねても変わりばえのしないものだ。

しかも、このような庭園も、高い樹々と静かな池もろとも、東方的運命の思いがけない変転にさらされることを免れない。大臣は寵を失い、富商は君主の苛酷な強請で破滅に追いやられる。流れが止められ、水は池に注ぐことも噴水で跳ねることもなくなり、樹木は枯れ、花はしおれ、壁は崩れて顧みられることなく朽ち落ち、数年を出ずして小さな楽園は地表から忘れ去られる。そして押し寄せる砂漠が、砂塵を吹き散らして万物をふたたび蔽ってしまう。

訳注

(1) 「詩神の歓喜の庭」の作者……——一六〇〇年前後に活躍した英国の歌曲作者、リュート奏者ロバート・ジョーンズ。歌曲集を五点とマドリガル集を一点作曲。一六一〇年作の歌曲集第五篇を「詩神の歓喜の庭」(Robert Jones: *The Muses Gardin for Delights, or the Fift Booke of Ayres*) と題した。

(2) 「草を撒き散らした……」——ウマル・ハイヤームの『ルバイヤート』より。引用原文はフィッツジェラルドの英訳初版第十歌の前半。ちなみに著者後年の主著 *The Desert and the Sown* (「荒野と耕地の間」。序文での言及参照) の題名はこれに基づく。

(3) ジルエッソルターン——本名マスード・ミールザー(一八五〇—一九一八)。ナーセロッディーン・シャーの長子だが生母が平民だったため王位継承権はなく、主としてエスファハーンにあって強力な権力を行使した。

（4） 許されていない――英国と連携してペルシアの南部・西部に自己管下の半独立体制を布こうとしたため、一八八六年にシャーによりエスファハーン総督以外の職を解かれたのが実態のようだ（Abbas Amanat : *The Crowning Anguish*, p. 332, 田隅訳『ペルシア王宮物語』三八八頁、平凡社・東洋文庫）。

（5） いろいろ言われるが……――当時、外部では、ジルの母イッファトッドウレ「王国の貞節」はシャーの別の寵姫だったシェミーラーンの粉屋の娘あがりのアニースエッドウレ「君主の伴侶」と混同されていた。正しくは、イッファトはシャーの叔父バーマン・ミールザーの家来だったムシ・レザー・ベグの娘という（カーゾン vol. 1. p. 409）。

4 商人の王

シェミーラーンにあった，シャーの第三子カムラーン・ミールザーの山荘「カムラーニエ」．豪奢なことで知られた．（ベンジャミン）

ある朝ごく早く、私たちは彼の庭園へ馬を進めた。テヘランを出て八マイルばかり山手へ向かい、山裾沿いに延びた肥沃な帯の端に散在する村のひとつに着く。この朝は、さらに上に続く道をとった。野の花で埋まった緑地を通ったが、町のまわりの乾ききった砂漠のあとでは言葉にならないほど美しい。空気もまだ夜明けの新鮮さを保っていて、爽快だった。露はなかったけれど、軽やかな、凜《りん》とした風が太陽の前触れ役として樹々の葉や路傍の草を動かし埃を掃《はら》っていて、吹き止んだあとでも、日中までさわやかな香気をいくらかは日かげに残していた

私たちは、庭園の高い泥壁に挟まれた、いい匂いのする胡桃《くるみ》の樹下に曲折する暗い山路を進んだ。大切にとっておきたいような、小さなせせらぎをしぶきをあげて渡ったが、それが流れ落ちて潤している畑では、まだ六月というのに、高く伸びた小麦が紫色の実もたわわなそら豆にかこまれて稔っている。世界は目をさましていた——東方では、目覚めは早いのだ。荷を積んで町へ向かう驢馬がすれちがってゆく、面被をつけた女たちが派手に飾りたてた騾馬に跨ってゆく、白いターバンの聖職者やゆっくりと馬を行《や》る男が、詰めものをした鞍の上にくつろいだ様子で乗ってゆく。ぼろをまとった乞食と半裸の修道者《ダルウィーシュ》が道ばたに野宿していたが、私たちが通りかかると、それぞれの窮乏もしくは狂

信の求めるままに喜捨を哀願し、あるいは呪詛を浴びせるのだった。

山裾の、ほかよりは壊れかたがましな長い壁――まっすぐで、人をよせつけない、中央にアーチ型の入口のある無飾りの土塀――の前で、私たちは止まった。ノックすると両開きの扉が開き、なかに石段が見えた。昇って最上段に立ったとき、思いもかけぬ美しい眺めに驚く。庭は、山の斜面なりにまっすぐ登っていた。傾斜が急なため、二筋の並行した小径も、高くて幅の狭い階段――踊り場で切れて、そこに薔薇とナスターシアムとペチュニアの色あざやかな花壇が作られている、短い段々のつながり――以外のなにものでもない。二列の階段の間には、丘の頂きから下まで、なめらかな青タイルの坂が走っていて水が滝になって流れ落ち、踊り場でひろがって小池と噴水となる。水は盛りあがり落下して、涼しい、さわやかな音をたて、柔らかいしぶきをあげていた。

苦労して段を昇り、ほかよりも広い一番上の踊り場に出た。そこでは色とりどりの花の絨毯にかわって、暑い日ざしのもとで満開の白百合《ゆり》がみごとな林を作っていた。日が燃えあがるにつれ、百合の花はより涼しげに、より白くかがやき、その芳香はより甘く、より濃厚に漂う。見慣れたテヘランの庭園では、樹木が密生して花壇に日光も届かないほどだったが、暑気が涼風で和らげられる山中では光も空気も豊富だった。

このはなやかな護衛のむこう側に園亭がある――壁に囲まれた家ではない、窓と鎧戸のある、そのすべてが開け放され、天来の風が自由に吹き抜ける家だった。建物のまん中に水の跳ねる噴水が設けてあり、四壁とも大きな窓枠まで深いアルコーヴがアーチ型に刳《く》られている。私どもはなかに入り、アルコーヴの一つに置かれたクッションに体を投ずると、下の景観を見渡した。

眺望の最初に目に入るのは小さな庭園の煌めきであり、坂の下のほうでは、胡桃とポプラの群生がさきほど馬で通ってきた村々を蔽っている。つぎに、褐色の空虚な広野が、雰囲気としては砂塵の靄《もや》のほかになく、地下水流のありかを示す盛り土［カナートを掘った土を竪坑の口に盛りあげたもの］が連なって蛇行するほかには目立ったものもなく、緑も見えぬまま奔流の跡筋だけを刻んで、はるかかなたで禿山の線で区切られるまで広がっている。そのむこうは、また褐色の広野が、不毛の丘陵の一段とおぼろげな線となって地平の端まで続いていた。はじめの砂漠のなかほどを横に延びるのが、広い一画をなしてテヘランの庭園を蔽っている樹木だった。あそこの町中では、どんなに太陽が燃え立っていることか！　大気は暑気と埃でかすみ、バザールの暗いアーチの下では汗みずくの人が右往左往して懸命に働いているのだ。ところが「商人の王」の庭園では、一日中山峡から涼風が吹きわたり、一日中さわやかな水のせせらぎと泡立ちが聞こえ、一日中白い百合が頭上の冠雪した山塊の反映のように咲いているのだった。

私どもは無為に座って、砂糖のたっぷり入ったお茶をミルクなしですすりつつあたりを見まわし、かたわらの床においた皿に山盛りのお菓子をつまみ、ごぼごぼと音をたてる水煙管《カリヤーン》を順番に楽しみ、茎をとったジャスミンのすばらしい匂いの花で両手を一杯にしてもらった。お昼になると席を立ち、もてなし上手なことと王侯のごとき商人の領分をなお奥深く案内された——石段をさらに登ると、大きな池を越えたむこうに奥《アンデルーン》つまり女部屋があり、私どもの近づいたときには、鎧戸のなかで薄物をまとったいくつかの人影が音もなく動いていた。ついで樹かげの長い小道を行き、前のとは別の滝と噴水の列の頂きに建つもう一つの客用の館に着く。ここですばらしいご馳走が供された——さまざまな香味料を使い、肉と果物とソースを炊きこんだご飯の山、キャバブ、葡萄の葉で包んだミンチ、アイスクリーム、果物、それに香りのいいシーラーズのワインだった。

夜の涼味が訪れるころ、そよ風の吹き通る住まいの敷居に、「商人の王」が姿を見せた。血気盛りをすこし越えた感じの人で、上背のある強壮な体を、純白の肌着と色ものの下衣に重ねた、前開きの長い茶色の外衣に包んでいた。それが、貧富いずれにとっても正装なのだ。人好きのする容貌で、眉は一本につながり、唇は赤く、褐色がかった肌で、陽気そうな黒い目が白いターバンを巻いた秀でた額の下でちょっと思いがけぬときにまばたきを見せる。お客好きの友人、気持ちのいい主人役だった。当意即妙の警句と時宜をえた話題、そしてよく物のわかった上での笑いがいつでもその唇を洩れる。世間の笑顔を一身に集めてきた男であり、また彼自身の世界——柔らかいクッションと絢爛たるカーペットを撒き散らし、まわりに花を植えこんで、みずから楽園に仕上げてきたあのペルシア風の自分の世界を、笑顔で振り返ってみることのできる男だった。

暑い夏の間は夜ごとに、彼は山麓の風通しのいい庭園に現れる。夜ごとに、客あしらいのいい門を叩く人が引きもきらないが、その訪れが無駄だったためしはない。いくつもつながる石段の一番上で、彼は晴れやかに、機嫌よく、来客を出迎える——この長い石段に足を引いたよそ者が、くたびれはてるまでもない。新来者の手をとって、彼は館の一つに招き入れる。そこで、客が休めるカーペットを噴水のほとりに敷きのべる。夜が訪れると、ご飯と肉のローストと果物のご馳走が客の前に並べられ、背の高い水差しと珍しい味わいのシャーベットと銀のカリヤーンが運ばれてくる。客が食べている間、「商人の王」は一緒に座り、いろいろと気のきいた冗談や、時節に合わせたさまざまな詩句の引用で話に彩りをそえて客をもてなす。やがて彼は、客たちを明け方まで眠るに委ねて去る。朝、客は起きて、黄金色の薄いお茶にのどを潤して別れを告げ、もよりの浴場に赴き、そのあと涼しい山間の谷をあとにして暑熱と一日の仕事に戻る。彼自身は自分のアンデルーンで、あるいは眼下の平原に曙光がさすのを見渡せる門小屋の屋根で毛布にくるまって、一夜を過ごす。

私どもも、彼の歓待に与り、彼の語る逸話に聞き入り、彼とバックギャモンの遊びに興じた。そしてちかくのモスクで環になったランプに灯がついて、家の屋上で夜明かしをするつもりでなければ辞去すべきときと知らされるまで、いとま乞いをするのも忘れていた。(1)

訳注

(1) いとま乞いをするのも忘れていた。——本章に述べられた「商人の王」とは、米国公使ベンジャミン(「凡例」参照)が夏の山荘で交際があったという “The Malek (or head) of the Merchant's Guild of Teheran”「テヘラン商人組合の長」と同一人物と思われる(“Malek” には「王」の意もある)。ベンジャミンの現地体験は著者に十年先立つが、ベンジャミンのこの人物の描写と本書の記述はほぼそのまま一致する。「……彼のもてなしに与るのは、芸術の域に達した高雅な歓待を細部にわたって目にすること」(ベンジャミン p. 126)。

5　イマーム・ホセイン

1880年代にテヘランでよく知られた修道者
(ベンジャミン)

七月の半ばに、ムハッラム〔イスラム暦の第一月、この年の場合は七月二十六日から三十日間〕――イマーム・ホセイン〔イスラム・シーア派の第三代イマーム〕を悼む月が始まった。預言者の孫が、付き従うもの六、七十人とともにユーフラテスの流れも遠からぬカルバラーの野に営地の塹壕を掘ったとき〔六八〇年十月〕にも、いまと同じような暑熱が蔽いかぶさっていたにちがいない。ヤジード〔ウマイヤ朝第二代カリフ、在位六八〇―八三〕の軍勢は彼らを包囲し、川との連絡も退路も遮断した。救援のくる見込みは皆無だった。前後左右にあるのはカリフの情け無用の報復のみ――敵のテントの上に見張りのかがり火が点滅していたが、夜が明けてあらわになったのはその後ろにひろがるカルバラーの荒野――「悲嘆と焦燥の野」だけだった。

あの孤立した一団と貴い首領の苦しみと死を偲んで、全ペルシアは哀悼に突入した。彼、聖なる者が飢えと渇きに苦しんだ、神へのとりなしにあたる者が、人の憐憫を得られなかった、彼は自分の子供たちが敵の槍に倒れるのを目撃した、そして彼が死んだとき体は踏みにじられて埃と化し、首は勝ち誇った敵が運んでカリフに届けられた――この悲しい物語が、イスラム世界の半ばの心を捉えていまにいたった。世紀を経る間に、時間そのものによる悲劇と悲嘆の要素のほどこしが少しずつ加わって、伝承は薄らぐこともなければその語りがもたらす激情を衰えさせもしなかったのだ。

それは、一部には教義論争という新風が伝承に積もる「時」の塵を絶え間なく吹き掃ってきたからにちがいないが、また一部には話自体のもつ痛切な素朴さのゆえにであろう。伝承全体を通じて光り輝く壮烈な勇猛心が、その長い持続の裏にある。ホセインの敵ですら、彼の堅忍と従うものの献身と、そして彼とともにいた女たちの深い愛情を見て哀れを催した。記録に残るあのおそろしいムハッラム月十日の数々のできごとは、世代につぐ世代を感動させ涙に誘う純粋な人間的哀感に満ちている。灼熱の太陽のもとで絶望のいくさを戦うものの側に立つには、あるいは、死んだわが子を抱いて天幕の入口に座り、また一本の矢が貫通した上下の唇に水の入った小さな枡を持ってゆく――その一口の苦さは酢に浸した海綿とヒソプほど[1]――といった、イマームのあの悲愴な姿を思い浮かべるには、シーア派の人たちと信仰をともにするまでもない。

「人は夜に旅する」とホセインは奇跡劇のなかで言う、「すると運命のほうが彼に向かってくる」。ホセインにとっては、あの砂漠の夜行軍でアルフッル[2]と、そしてカリフの軍と並行して進んだのち相まみえたのが、永遠に記憶される一つの運命だった。

ペルシアに上陸してまもなく、私どもは思いがけなく殉教物語に出逢うことになった[3]。カズヴィーンの町で馬を替える間に（テヘランに上る途中のこと）大通りを散歩していると、プラタナスの樹かげに集まっている人の群れがあった。ペルシア人の百姓たちの肩ごしに首を伸ばして見たのは、群集の輪の中央にいる一団の演技者だった。あるいは甲冑を身につけ、あるいは黒い長衣をまとって、ホセインを主人公とする受難劇を演じている。ある男が馬上にいて、登退場するたびに舞台の袖といえばそこしかない人の列を押し分けて馬を通さざるをえない。ただ、彼がこうしてときどき観衆中に巻き起こす騒動を除けば、その芝居は——すくなくとも私どもが目にした場面では——動きというものがほとんどなかった。つまり演者たちは押し黙ったまま出入りし、舞台に相当する場所に一瞬立ち止まるだけ、そして説教壇のようなところに登ったイスラム指導者《モラー》が、演じられつつあるはずの出来ごとを読み上げていた。

しかしムハッラムに入るとともに、潜んでいた東方の宗教的興奮が躍り出た。毎晩たそがれどきになると、哀悼者のむせび泣きがしじまを満たす。そして高くなり低くなって夜を通し、朝がきて悲嘆に打ちひしがれた信者を寝床に送りこみ、寝そびれた不信心者にはやれやれというため息とともに寝返りを打たせるまで、陰鬱につづく。

ついにムハッラム月十日となった——すべてのイスラム信者にとって深い意味のある日、というのはそれはアダムとイヴの、天国と地獄の、生と死の創造を目撃した日だからだ「ムハッラムの十日、アーシュラーは、本来はユダヤ教の行事に起源する贖罪の断食潔斎の日とされる」。だがシーア派にとっては十倍も重要な日——この日にホセインの殉教が起こったのだ。

午後早々に、哀悼の声が村から聞こえてきた「著者たちは避暑でグラヘークに移っていた」。住民は列を組み、村はずれの樹かげの道を越え、本道に通ずる砂漠の端を伝ってきた——熱狂した粗野な一団で、その悲嘆は、十二世紀間にわたってカルバラーの野に遺骨が休らう、騎士道精神ゆたかな勇者への風変わりな敬意のあかしである。ただ敬意とはいえ、それは名ばかりのものだ。ホセインよりも大きな苦しみを受け、おなじくみごとに堪え忍んだ剛勇の士は多いことだろう。ところが彼は、現世における不死の生――気まぐれな世間が意のままに使える最良の贈りものと認められている――を得た少数の人のなかに入っている。彼が、忘れ去られる瀬戸際の男すべてを襲う、記憶されたいという熱い思いを人なみに持っていたのなら、無数の槍で刺されて死んだのは無駄ではなかった。そして彼の埋葬は千二百年前に起こった束の間のことなのに、その物音は世紀を重ねて現在まで永遠の反響を繰り返している。

行列の先頭に立つのは一群の少年だった。腰まではだかで、緑衣のモラーのそばで跳ねまわる。モラーは算を乱した群れのまん中で足を運びつつ、イマームの苦悩を詠誦していた。少年たちは彼を囲んで飛びあがり跳ねまわりながら、自分の胸を打つ――その顔には悲哀の気配すら見えなかった。それは、上下する頭とむきだしの肩の密集した塊で行進しつつ、野蛮な踊りかなにかを演じているようだった――彼ら自身はそれにまるで興味がない、だがそこに加わるのはペルシアの少年の義務と心得ている踊りである。続く男たちは村の旗を掲げる――長い竿の先を玉と色ものの絹布で装い、長旗と珍奇な飾りが翻っている。しんがりには別の朗誦者と男たちの一団が来る。男たちは衣服の裂けた胸を打ち、額を叩き、イマームの名を単調なコーラスで反復し、それに泣き声と呻きが混ざりあっていた。

しかし、ほんとうの儀式が始まったのは夕方である。村の中央のバザールにはキャンバスの屋根がさしかけられ、家々は安物の絨毯と派手な綿織の掛け布で被われた。一方の端に低い演台が設けられ、小さな店々は劇場の枡席そっくりのものに換わった。そこに明るい色の織物をかけ椅子をおいて、おもだった人が座り、シャーベットを飲み水煙管《カリヤーン》をふかしながら演技を見るのだ。私たちが着いたのは九時ごろだが、劇の運びはたけなわだった。天幕のなかは百姓で一杯で、立っているのも、まん中にある噴水盤の端が高くなったところに腰掛けているのもいる。水盤のまわりにはオレアンダーの木が密生していて、繊細な葉と美しいピンクの花が観衆の衣服の粗末な青綿布を背に浮きあがり、労苦が刻まれた皺だらけの百姓の顔を包んでいた。演台に、長衣を羽織り白いターバンをつけたモラーが一人いて、間のびのした、歌うような抑揚で訓戒の言葉を読み、殉教の次第を語っていた。彼の足もとの地面は女で埋まっている。黒い被衣は体の周りにきちんとたくしこんで、頭をすっぽりと包み、細長い白の亜麻布の面被を顔から膝まで垂らして座っていた。どう見ても、床一面に何列にも並べられた形の不揃いな黒と白の包みというところだ。

モラーは読み進んで、イマームの苦難をこと細かに物語る、「のどが渇き、飢えたもうた！」。女たちは悲嘆にくれて体を前後に揺すり、男たちはあらわな胸を殴り、両頬に涙を流し、ときには物憂げな、哀調をおびたコーラスでモラーの話に唱和する。かと思えば声を抑えた痛嘆でモラーの話に割って入るが、それが強まり、大きくなってやがて天幕の一番むこうの端にまで伝わってゆく——「ホセイン！　ホセイン！　ホセイン！」

ひどい暑さだった。ヨーロッパ製の安物のランプがキャンバスの壁を後ろにちらちら燃えて煙を出す。そしておぼろげな光をオレアンダーのピンクの花に、黒衣の女たちに、汗と涙で濡れ、一人残らずみじめな貧と飢えにさいなまれ、深い皺が刻まれた男たちの上を向いた顔——その苦しみの目録を作ればイマームのそれよりも長くなるかもしれない——に、さしかけていた。

モラーはターバンを頭から引きちぎって地面に投げつけ、さらに詠誦をつづける。人々は興奮に震える絶叫で唱和する、「ホセイン！　ホセイン！　ホセイン！」。

まもなく一人の修道者《ダルウィーシュ》が肩で群集をかきわけて出てきた。わずかな衣類を腰に結わえ、蓬髪を肩まで垂らし、頭に色あざやかなスカーフを捲きつけて、その緋と黄の縞が裸の背に下がっている。遠いところからやってきたのである。手には長い杖を携え、演台の端においた靴は荒野の砂にまみれていた。そこに立った彼は朗誦し、祈禱し、訓戒した——目には宗教的熱情の狂気を漲《みなぎ》らせ、派手な冠りものや、苦悩と興奮でゆがむ光った顔をいぶりながら照らす灯火を裂くようにして、熱のこもった身振りで前のめりに力を入れる、荒々しい姿だった。語り終えると演台を降り、靴と杖を拾い、その熱弁をほかの村々でも揮うべく夜の闇のなかへ足早に去っていった……

物ごとを測るのに、目に見える感動の価値ほどむずかしいものはない。英国人にとっては、涙を流すのは深刻な問題だ。落涙の意味するものは、もっとも奥深い、もっとも抑制できない感情のみであり、大事のときのために取り置いてある。ありふれた感動は、英国人によればまず面《おもて》に出す値打ちがない。外国人の場合に感動が容易に表出されるのは、英国人には驚きである——彼には、フランス人のように自分とほんのわずかしか隔たりのない民族の仕草もろくに理解できない。そこで彼は、自分には大きな動揺が形に現れたしるしに見えるが、フランス人にとっては談話中によくある強調にすぎないもののために、えてして惑わされる。東方では、このような障害は十倍も大きい。仕草自体がまったく異なる意味をもつことがしばしばある。トルコ人は「否」というときに頷き、同意を表すときに首を横に振る。たとえそうでなくても、根底にある感情はおそらくまったく理解不能で——完全に西洋的情緒の埒外の——その深さ、持続の長さは、われわれの知識にないさまざまな掟で決まっている。われわれがオリエント人に驚かされることの第一は、彼にそなわった堂々たる、そして平然たる落ちつきぶりだ。したがって不意に彼の別の一面に出くわし、これという理由もなく手放しの興奮に陥るのを見ると、彼をふだんの冷静からここまで動かし得たのは最凶暴な感情しかあるまいと、いとも容易に思ってしまう。

それが、あの夕べのことだった。最初、私どもは悲嘆の深淵に沈んだ人々を見ていると思った。ところがやがてわかったのは、こちらが彼らの涙と呻《うめ》きの意味をすごく過大視していた、ということだった。枡席にいるオリエント人観衆は、共有しているはずの感動をほとんど掻き立てられていない。彼らは落ちついた面もちで聞きながら座し、甘いお菓子、アイスクリーム、そしてシャーベットといったふつうの食べものを口にし、丁重な言いまわしと人あたりのいい微笑でカリヤーンを手から手へ廻していた。私どもの使用人のペルシア人も、同じように平静だった。それまで彼らは衣服をしっかりと着こんだ胸を気のなさそうな様子で軽く叩く、というように皆に合わせていたが、横目では私どもに気を配っており、宗教的忘我のために私どもの所要に応ずるのを嫌がるということもなかった。それに、下手にあたる群集の端のほうでは、進行中のことに注意を払う人はいないようだった。顔中を涙で濡らし、殴ったことで胸が赤くなり、すりむけた男たちが脇へ出てちかくの人とにぎやかな話に加わり、一杯のお茶を仲よく分けて飲み、さらには一摑みの塩味のナッツを安く買おうとしているのを、私たちは見守っていた。それはまるで、ホセインの名そのものを知らないかのようだった。私どもはこれを見て逆方向の極端まであと戻りし、この悲嘆の見せものはただの儀式にすぎず、何の意味もないと結論づけたくなった――だが、それもおそらくは、もう一つの見方と同じように誤っているることだろう。

しかし、意味するところが何であれ、それはわれわれには理解しかねるものを意味していたのである。儀式全体は、私どもの心中に嫌悪と退屈からそう遠くない気持ちを惹き起こした。それは押しつけがましく、むさ苦しく、醜悪だった。天幕の掛け布はマンチェスターの織機から出てきた疑いがあり、もしそうであってもマンチェスターの趣味の評判に寄与しうるものではなかった。ランプはとてもたまらない脂の臭いを出し、息がつまるような空気は埃で充満し、モラーの耳障りな歌は機械音のように長く退屈だった。歌がどれほど続いたかは知らない。一時間ばかりでそこを出て、私どもはほんとうにほっとした。そして涼しい村道を通って宿舎に戻ってくるとき、混乱したとまどいの念を心のなかから振り払い、神経にさわる音が徐々に夜の空気に遠ざかってゆくのを満足に思った……

このようなやり方で、シーア派の人たちは「栄光の庭の薔薇」イマーム・ホセインの死を悼んでいる。彼とその後裔がほんとうに預言者の唯一の正当な後継者であるかどうかは、第十二代で最後のイマーム[4]の再臨を見るまでは最終的な決着のつかない問題だ。人は言う、彼はすでにこの世にあり、ふたたび姿を現してその代理者である国王《シャー》が彼の名において保持している権威を回復する、と。

伝承は、預言者ムハンマドの言葉を報じている――「汝ら、もし黒旗がホラーサーンに揚がるを見ることあらば、行きて、そのもとに集うべし。[5] 神のイマームはこの旗とともにあり、その名は救世主《アルマフディー》なり。彼こそはこの世を公平と正義で満たすべし」。

訳　注

（1）酢に浸した海綿とヒソプ――十字架上のキリストが渇きを訴えたとき、ローマ兵は酢になった葡萄酒に浸した海綿をヒソプの茎につけて差し出し、口に含ませたという故事（新約ヨハネ伝一九―二九）を引く。ヒソプは薬用のシソ科植物の一種、柳薄荷とされる。

（2）アルフッル――ホセインが目ざした盟友の町クーファがカリフ側に寝返ったため、わずかな手兵とともにひそかに町を脱け出して駆けつけた応援者。カリフとの戦闘の日の明け方に突然現れたという。

（3）ペルシアに上陸して……――著者はカフカス、カスピ海を経てエンゼリーに上陸、五月初めにテヘランに到着しているので、ここに述べられたのはムハッラムの前行事のようなものと察せられる。

（4）第十二代で最後のイマーム――ムハンマド・アルムンタザル。八七四年に「隠れ」の状態になったとされる。ペルシア人の多くが信仰するシーア派十二イマーム派の最後のイマーム。

（5）もし黒旗が……――七四七年のホラーサーン（ペルシア東部）におけるアブー・ムスリム（預言者ムハンマドの

叔父の後裔アブル・アッバースの家来。のちホラーサーン総督時代には唐の侵略軍をタラスで撃破）の蜂起は、このようなメシア思想に導かれて黒旗のもとに集結した抵抗運動となり、ウマイヤ朝崩壊とアッバース朝成立をもたらした。アッバース家の旗標だった黒旗は救世主の象徴とされて、いまもムハッラム行事に用いられる。

6 死の影(1)

聖都コム．マァスメ廟とその周辺にひろがる
埋葬地（カーゾン）

夏の始まるころに、ゆっくり、ゆっくりとコレラが忍びよってきた。はるかな東のほうから、死の噂が伝わってくる……サマルカンドで、コレラが猖獗《しょうけつ》をきわめている……すでにペルシアの国境を越えた……マシュハドに入った！　などと、電報は報じた。テヘランと感染地域との間にはおざなりの隔離措置がとられ、とぎれることなくマシュハドに集まる巡礼の流れは、聖市「シーア派（十二イマーム派）の第八代イマーム・レザー（八一八年にカリフに毒殺されたという）を祀る廟がある」に入ることを禁止された。ついで死者の速報が毎日入ってきたが、犠牲者の数はおそろしい速度で増えてゆく。マシュハドはほとんど空《から》になった、疫病が見のがした者はすべて山地に逃げこんだからだ。一、二週間経ってその猛威が衰えはじめたと思うと、不気味な急報が届いた——「コレラは西方の村落にひろまっている」。日一日とそれは近づき、隔離の防壁を跳び越え、一筋の砂漠を疾駆し、とある僻村に突然顔をだし、北にむかって襲いかかり、楽天家をして、かぶりを振ってこう呟《つぶや》かせる——「テヘランは大丈夫だろう。テヘランには決して来ない」。そしてたちまちカスピ海に通ずる道に取りつき、老獪な策士のごとく市をとり囲んだ。人々は固唾《かたず》をのみつつ、どっちつかずには早くけりがついて避け得ない日のくるのを待ち、ほとんど期待さえした。

しかも、コレラが家の扉を叩いているというのに人々は防御の準備をせず、病院を整備するでもなく、救援組織の計画も立てなかった。連日、熟しすぎた果物が荷車に満載されて自由に町に入ってくるし、腐敗するまま街路に放置されている塵芥で空気はさらに汚染された。それも、ムハッラム月のことだ。毎夜、人々は宗教的興奮で無我夢中の高ぶった気持ちになり、神聖劇を観てホセインの死を涙して悼もうと国王《シャー》(2)の劇場に押し寄せる。だがひょっとすると、その気持ちよりもっと強い熱意が長い祈りに費やされ、より深い思いが悲嘆に注がれていたかもしれない、門外には不気味な影が立っていたのだから。そして哀悼に集まった人のうち誰が、夜、そとに出たとたんにその魔手が彼自身の肩を摑まないと保証できただろうか。

荒野と市街の上にいつも漂っている砂塵の雲は、従来以上に陰険な様相を見せはじめた。いまやそれは、テヘランに腰を据えつつあるもっと厚い暗雲の前兆のように懸かっていた。さらにその上に太陽が容赦なく照りつけ、青い大空のもとにはどこにも、神の手を遁れられる避難所はなかった。こうして日が過ぎてゆき、人々は不潔な水を飲み、腐った果物を貪っていたところ、不意に一撃に見舞われた――コレラがテヘランに現れた。

かかるときに子を持つもの、病を患うものはあわれなるかな！ 盲目的な一つの衝動が、富者も貧者も一様に捉えた――脱出！ 脱出！ 町を離れた村に一、二の畑地を持っている人、砂漠に粗末なキャンバスの屋根を張って難を避けられる人は皆、なけなしの家財をかき集め、わずかな生活必需品を抱え、群れをなして北側の市門をあとにした。山に向かう道路は、いずこも避難者の流れで動きがとれなくなった。それは、おそろしいことへロデ［キリスト生誕時に不安を抱きベツレヘムの幼児を殺害したユダヤの王（在位前三七―後四）］の怒りにまさる天罰を前にして、逃げのびようとする無数の聖家族のはてしない行列のようだった――驢馬に乗り、被衣の襞にくるんだ赤子を抱いた女たち、その横を徒歩で急いでゆく男たち。神罰はすばやく来る［格言「神罰は遅いが確実に来る」のもじり］。東方では、神とはいまなお旧約に現れた偉大な、おそるべき神なのだ。その手は正しい者にも邪《よこし》まなる者にも下され、罪を罰するのと同じ厳しさでもって愚行をも罰する。砂漠に点在する脱出者の小さな白い天幕も役に立たず、涼しい山あいの村に逃げ場を求めたのもむなしかった。どこへ行こうが、人々は自分たちのなかに疫病を運んでいたのだ。彼らは死んで路傍に落ち、彼らは荒野の砂中で死に、彼らは致死の感染をいなかの人のなかへ撒き散らした。

オリエントの宿命論は、理屈では結構りっぱに見えるが、実際面ではいたましく破綻する。それは主として、人生を強力な両手で握ることに思いいたらなかった人たちの不甲斐なさに起因するものだ。ある賢明な哲人は、不可避の災厄を不平をいわずに受忍せよと人に命じている。しかしわれわれ西洋のものは、その厄介ごとがどのくらい不可避なのか、また用心と、前例をより完全に知ることでどれほど緩和できるか、を見極めるまでは満足できない。われわれにできる、さし迫った運命の筋道を変えることはごくわずかだ、けれどもあらゆる努力を傾けて世界の将来の安全促進に役立てたい、ということであろう。ところが宿命論をその論理的帰結まで貫徹することは、まずできない――前もって医薬の備えをしておくことを妨げたペルシア人の心的姿勢も、二週間後に彼らが慌てふためいて逃げ出すのを止めはしなかったのだ。

人間の情念のなかでもっとも低劣なものは、死の恐怖である。人にとってはそれだけでも社会生活が可能となるもの、抑制と慣行をはぎ取り、これらすべての根底にある、彼のなかの獣性をさらけ出すのだ。生を求める必死の格闘に、高貴の要素はない。それに取り組んでいるものは名誉を投げ出し、自尊を投げ出し、勝利を持つに値するとするかも知れないあらゆるものを投げ出す――ただの生のほかは何も求めようとしない。いつなんどき、気がつかぬ間にその手中に落ちかねない、摑みどころのない危険は、広野で最凶悪の敵と遭遇する以上に彼の神経と想像力にこたえる。彼の意気地も、緊張で崩壊する。

このような恐怖が、テヘランの住民を捉えたのだ。

患者への施薬が務めであるはずのペルシア人の医者は仕事場を閉め、不幸に襲われた町を見捨てるものの先頭に立っていた。主人は、使用人が病気の徴候を見せると街路や空き地に追いやり、適切な治療が得られぬまま死ぬに委ねた。女と幼児は奥《アンデルーン》から放り出された。死人の遺体を埋めてやる勇気のある生者は、めったにいなかった。

西洋人のある小グループが、全面的恐慌のさなかで勇敢な最前線を維持していた。米国人の宣教師たちは村の住まいを出て町に下り、罹患者に対してできる援助はすべて行い、その勇気を見せることでコレラにまだ冒されていない人を励ました。貧民区を訪れ、薬を配り、小さな病院を設けて路頭に横たわる者を見つけては収容して看護し、回復すれば消毒した清潔な衣類を与え、死亡すればきちんと埋葬した。そして彼らの力添えと知識の援助をうけた人たちに、刀を突きつけるようにして常識の基本的な決まりを呑みこませようとした。果物を大量に食べるのを止めさせる、死者の衣服を何ペンスかで早いもの勝ちに売り捌いたりしないで焼却させ、強力な感染源を断つ、などだ。

涼しい夕方に、こうした一人が町から馬で登ってくるのに逢うことがあった。それは、絶え間なく働き寝ずに看護することが、彼にせめて一夜の休息をとるのを必須としたときだった。その顔は痩せこけ、仕事のものすごい緊張で血の気も失せ、両目には、手の施しようもない受難を見つづけたことで一人の勇気ある男の眼に焼きついた表情が現れていた。

その医師は、何カ月かのちにこう話した。

「ある朝のこと、回診に早く出かけたら、戸口の石段に女が一人横たわっていました。半分はだかで、体はすっかり冷たかったことからすると何時間も前に亡くなったのです。子供が一人、食べものをほしがってそばを這いまわり、女の胸にはまだ息のある小さな赤ん坊がすやすや眠っていました」。一瞬おいて、こうつけ加えた――「あれは、私の生涯でこれまでに目にした、もっとも悲惨なものでした」。

宣教師たちを手伝っていたのは、一、二のヨーロッパ人のボランティアとミッション自身の経営する学校「米国長老派教会のアルボルズ・ジュニア・カレッジ」のペルシア人生徒である。生徒たちは宣教師といつも一緒で、彼らが日中の暑熱と重責に堪えるのを支えていた。その勇気、その申し分のない忍耐は、卑怯の恥ずべき記憶が忘れ去られたのちのちまでも、知る人の心に刻まれて残るにちがいない。

というのは、恐怖におののいたのはペルシア人だけではないのだ。ヨーロッパ人のなかにも、臆病の例にはこと欠かない。かつては無頓着を揚言していたのに、試練の時がくると恐怖に取り乱し、真っ青になった男たちがいる。慌てて逃げ出し、見捨てた庭園に使用人とその仲間を置き去りにして死ぬに委せた人たちもある。寝込んでしまった人、あるいは命まで落とした人、つまり恐怖の固まり以外の何ものでもない病いの犠牲者もいた。

英国人医師は、町でも市外でも多忙をきわめていた。彼の技量も救いに役立たなかったときに、多数の病床の傍らに彼は慰謝をもたらし、病いと男らしく戦っている多くの人に勇気を与えていた。

恐怖の影響で、宗教的熱情がたちどころに発現した。国外旅行と外国人との交際を通じて西洋文明の外観を具えていた男たちが、取り入れていた洋装を巡礼のマントに替えてメッカへの長旅に出ていった。あたりには流言が飛び交っていた。モラーたちが土地の人の狂信に訴えて、西洋人の存在を指してただちに除去せねばならぬ災厄の主因としている、という噂があった。今日、テヘランで信じられないような数の死者が出たと伝えられたかと思うと、翌日には国王《シャー》自身が倒れた、という情報が口伝えに走る。コレラがテヘランで発生したとき、陛下は夏の巡幸で地方をまわっていた(3)。

シャーは即刻布告を発して、疫病を絶対に彼の営地に近づけないことを命じ、また自身は別として、誰であれ領国内に住む者の安全を確保する措置をとることは彼の国王としての義務の概念に入っていない旨を表明した。シャーは、えこひいきなく無差別に襲う敵の接近には、少なからず恐慌に陥ったらしい。彼は随員の大部分の職を解き、首都近郊のさる離宮に数夜滞在したのち急いで山中に入った。その数夜の間でさえ、シャーの山荘では四、五十名の死者が出たのだが、彼はこの不都合な出来ごとを知らずじまいだった。まったく幸運だったのは、ハレムの女のうち巡幸のお供をしていた人たち、あるいは多数の離宮のどこかに移れるように工作する力のあった人たちだ。あとは町に残るほかなく、面倒を見てくれる暇のある者はいない。あわれな女たちが、危険がいくらか少ない近郊に移るのをようやく許されたのは、コレラがその暴威を使いはたしてからのことだった。

死の影のもとでさえ、多少のブラックユーモアを感じさせないでもない出来ごとがあった。たとえば、半分狂人で、半分はだかの黒人の話だ。その男は、われわれの宿舎の外に広がる砂漠に住み、私どもが馬で外出すると寄ってきて施しを哀願する習いであった。彼は、一種の嘲弄性喜劇感覚を具えていたにちがいなく、あのせむし男の身に起こったことに不案内だったはずはない。(4) 村に身をひそめている妻がいたのだが、彼が泣きながらやってきて妻の死を告げ、埋葬費の金を恵んでほしいと訴えるまで、私どものほうでは女があったことなどは知らなかった。ある思いやりに富む人が必要な額を与えたところ、彼は即座に金(どう見ても、あの汚い掌にあれだけの銀貨が乗ったためしはないはず)とともに逐電してしまった。ところが姿を消す前に彼はあらかじめ措置を講じて、妻の遺骸を当方の庭園の柵に立てかけ、ヨーロッパ野郎どもに葬式代を二重に払わせたのである。

ペルシアの乞食や不具者が持っている命の数は、その手足の数どころではない。(5) テヘランでは多数の健全な人が亡くなった、だが季節の終わりに私どもが戻って見たのは、不具の体にぼろをまとった浮浪人の、以前と正確に同一の群れが門のあたりをうろついているところだった。

コレラの流行は、そう長くは続かなかった。ちょっとした降雨が、日ごとの死者を数百名単位で減らしたのだ。六週間経つと、人々は泡を食って放棄した町に帰ってきた。二週間後には市外の村にも病気はなくなり、いつもの様子を回復した。もっとも、ときには住民の三分の一が失われた小さなバザールが空《から》のようになり、埋葬地にそれに見合う数の新しい墓が並んだ、ということはある。しかしコレラの後を追って別の病気が出た。腸チフスは、あらゆる衛生の定則を完全に無視したことの当然の結果だった。ペルシア人の埋葬のやり方は言語に絶する悪習である。彼らは、死者の体を小川で洗うことをなんとも思わない。小川はそのあと村中を流れてまわり、無数の家事目的に使われる水を汚染する。そして墓地を選ぶにあたっては、あちこちの庭園や水飲み場に水を運んでいるカナート［地下導水路。第一章参照］の真上の地面にすることもためらわない。埋葬されても、遺体は平安に休らうことを許されない。

富裕層の家では身内の遺骸をしかるべき聖地――ホセインが殺されたカルバラー、あるいはマシュハドの聖廟――に埋葬することを、面目にかけても実行を要すると思っている。そこで彼らは、遺体を浅い墓穴に横たえ、煉瓦細工のアーチ型の屋根で蔽ってほんの一時的に葬る。このしきたりは、コレラの発生後は墓域におそろしい悪臭を生むもとになった。数カ月後、だが時が病菌を死滅させるよりはずっと前に遺体は掘り出され、ズックに包まれて騾馬《らば》の背に結わえつけ、はるか遠方の安住の地に運ばれる。それが、途中で新しい病気発生の種子を蒔くことになりかねない。

驚かされるのは、コレラが多数の人に死をもたらしたことではなく、むしろ「無知」が「死」の歩みにそなえて平坦な大道をつねに用意している国にあって、人口の大部分が生き残っている、ということだ。

訳注

(1) 死の影——「たとえわれ死の影の谷を歩むともわざわいを怖れじ。汝われとともにいませばなり」旧約詩編二三—四そのほか。

(2) 国王の劇場——ゴレスターン王宮の一角にあり、テキーエ・ドウラト（王室劇場）と称された（現存しない）。舞台が露天の吹き抜けになった円形の建物で、当時は市内でもっとも高い建造物の一つとして遠方からも見えたという。

(3) 夏の巡幸で……——ナーセロッディーン・シャーは郊外の離宮滞在と地方めぐりを好み、毎年春から秋にかけて、民情視察というよりも狩猟と遊山を目的に、近臣やハレムの女性を帯同してときには半年もテヘランを留守にした。

(4) せむし男の……——『アラビアン・ナイト』の説話（前嶋版第二五—三四夜）。王宮の道化師のせむし男を誤って殺した（と思った）仕立て屋が死体を医者の家に運び、門に立てかけて逃げる。医者、王宮の調理人などがつぎつぎに死体をたらいまわしにするが、最後にせむしが蘇生して終わる。

(5) 命の数は……——成句 “to escape with life and limbs”（命と手足だけは確保して＝さしたる損傷は受けずに逃げのびる）のもじり。

7　テントに住む人々

デマーヴァンド山中のラール渓谷（ベンジャミン）

人はだれでも心の底では放浪者だ、とある哲学者が言っている。なんと残念なこと！――人はだれしも自分を放浪者と思うことを好む、というだけにしておいてくれたなら、この格言も真実により近かったのではなかろうか。いざとなれば、文明化した存在の束縛――長い間に使いなれた習慣と、退屈を償ってあまりある平穏無事な生活、その束縛とそして安逸――を投げ捨てることのできる者は千人に一人もいないからだ。けれども、窮屈なところに閉じこめられた精神が自由にあこがれるときがある。曖昧な約束で男をおびきよせる未知の世界の手前で、彼は期待に胸をはずませて爪先立ちする。過ぎにし安穏な歳月も、眩惑された彼の眼には何の価値もない。「雨戸の小穴を通して輝いているものしか、空を持たない(1)」男のように、彼はおおらかで燦然たる陽光のなかに、広大な世界――彼の冒険心の活力にとってはまったく狭すぎるほどの――のなかに立ってみたいと思いこがれる。自分の属する民族の根を潤しつつ音もなく、ひそかに進んでいる強い水流に押されて、一生かけて守ってきたもろもろのしきたりを、一瞬の間、彼は振り払う。彼もまた、遠い父祖とおなじく、一個の放浪者なのだ。彼の心臓は、父祖たち――謎めいた東方から現れて、大西洋の不気味な大海原が停止を命ずるまで、何者に妨げられることもなく破竹の勢いで前進を続けた――の胸に宿っていた、音を止めて久しい心臓にあわせて拍子をとっている。
彼は憶えている――眼前の渺茫《ひょうぼう》たる広野の眺めを、空の穹窿《きゅうりゅう》が彼の天井だったころ、黎明に先立って舞う風の冷たいキスで目を覚ましたころの夜ごとのことを。彼は、格闘の腕を振りまわせる空間がなんとしても欲しい。彼は、神の力の足枷《あしかせ》をはめられていない自分自身を見定めようと燃えあがる。

はるかかなたの、カスピ海の南方に、まだ広い公道も鉄道も通っていないところがある。盛りあがる山脈は、春にはクロッカスと野生チューリップのはなやかなマントをまとうけれども、灼熱の夏の太陽は、焦土のような山腹に生える背の低い茨のほかは何も残さない。物の影が夕べにははやばやと消え、朝にはおそくまで現れない急峻な谷は、石が散り敷き異様な岩塊の頂きをもち、深い水路の傷を刻んでいる。ここには鷹が舞い、鷲が哀調をおびた鳴き声をあげて飛び去り、行き場を失った風は狂ったように峡谷を吹きまくる。そこに、四方を山壁と茨の茂った高原につぐ高原――海に延びる岬のように山鼻がいくつも突出して起伏する荒れ野――で区切られた平野の先端が達している。平地の中央には、地表深く抉《えぐ》られた石だらけの河床をもつ一筋の川が流れている。淀みでは銀色の鱒が跳ね、それに接して草の帯――荒野のただ中にひろがる牧草地――が細く延び、川岸で山羊の群れが草を食み、足場のいい窪地からは遊牧民のキャンプの煙が立ち昇っている。

荘厳なまでの寂寥感が美しいとはいうものの、ここは人が永住を求めたくなるところではない。若草が谷底を被う春の間、そして涼風が野を吹き渡ってくる夏の間、遊牧民はこの地に安んじてテントを張る。だが秋の刺すような冷気の訪れとともに彼らは営地を引き払い、雪のカーペットが敷きつめられた高原を野山羊と鷲のほかには棲むものは皆無の空所にして、温暖な平原へ去ってゆく。

創世のときより生あるものがその寂寞《せきばく》を乱したことはないかに見える、ある狭い渓谷の陰気きわまる底には、あるいは今日は黒い天幕が散らばり、馬と駱駝の群れが流れのほとりで草を食み、大気は犬の吠える声と女子供の叫びで満ちているかもしれない。だが明日、生命はそのしるしもとどめていない——遊牧者は去り、静寂が外套のように山から山を蔽ってしまっている。つぎはどんな音が山壁にひびくか、だれか言える人はいるだろうか。

最初、その眺めは見る人を快適な無責任の思いで満たす。どこへ行こうが、岩には歩いた跡も残らない。どこが気に入って住もうが、目撃者は山のみで、こちらがいようといまいと変わらぬ冷淡さで見守っている。しかし山には思い出したようにしか人が住まないこと、山を開化しようとして、また山に人を宿らせその所要の面倒を見させようとしてもまったく効き目がないこと、それらが山々にかたくなで、どうしようもなく不毛で、非常に押しつけがましく、きわめて拒否的な印象を与える。

徐々に、孤独が人の心に入ってきて、ほとんど恐怖にちかい感覚で突き刺さる。われわれは、自然と差し向かいでいることには慣れていない。たとえ些細なことでも人間が主《あるじ》である証拠があれば、なにがしかの護られている意識を持てる——坂をもっとも楽に行ける細道があるとか、一番いい眺めが見える緑色のベンチが置いてあるとか、板の道しるべに“Zum Wasserfall［滝はこちら］”と大きな字で書いて、だれかが一見の価値ありとしたものを示しているとか。前にそこに来た人がいたのだ――彼らが道ならしをしてくれている――おしまいには彼らが待っていて、宿と食事を供されるとわかる……ところがここには何もない――広大で前人未到の寂寞が、森閑、荒涼としてあるのみ。

つまり遊牧民というのは、仲間意識を持たせてくれないことでは野山羊とかわらない。彼らはまた、自分をとりかこむ寂しさにも気づかない。日がな一日、男たちは天幕の低い入口の前で怠惰に寝そべり、草を食む家畜を見張っている。夕方になると、おそらく彼らは魚釣り用の曲がった棒をもって川岸をぶらぶら歩き、狡猾ということを知らぬこの流れの鱒が棲む淵に手だれの糸を垂らすことだろう。その間、女たちは座って風雨をしのぐ粗目の屋根を黒山羊の毛で織り、あるいは黄ばんだ葦を壁用の筵《むしろ》に編んで過ごす。仕事は非常に手際よくて、信じられないほど短時間で新しい住まいが彼女たちの指の下から生まれ出る。

明るい陽光のもとでは、野営地は結構むさくるしい。だが夜が、その性急な指で太陽を払いのけて底深い天と青ざめた星々を顕わし、また野営生活の絵に描いたような神秘を浮き出させる。焚火の赤い光が、天幕の間に明滅する。夕餉《ゆうげ》の支度をする男女のうずくまった姿は、熱い灰のなかへ呪文を吹きこんででもいるかのようだ。体を起こした彼らは、顔をかすかな星明かりに照らされ、おぼろげで、途方もなく大きく見える。そして燃えさかる焚火の炎と背後の暗闇との間を、悪魔のように行ったり戻ったりする。こちらが地獄《インフエルノ》のいずれかの環層(2)に移住させられたようで、吠えながら跳び出してきた毛の長い地獄の犬どもは、ケルベロス〔ギリシア神話で、冥府の王ハーデースの館を守る怪物的な猛犬〕に劣らず用心深い番人だ。

首から胸までをあらわにした女が一人出てきて、袖を引き、鉢一杯の凝固クリームを買わないかという。女がもつれて額にかかった髪を振りあげると、薄暮のなかで黒い瞳が煌めく。このディース〔前述のハーデースのローマ神話での名〕の女王の誘いに応じて留まり、ご馳走になったが最後、幽界で永遠の捕らわれの身になってしまうだろう。

夜明けとともに神秘は消え失せる――夜を過ごしたところは、要するにただの冴えない、ちっぽけな野営地にすぎない――そして、よごれたぼろ布をまとったこの女、それが昨夜の女王然たる人とは、一体ありうることだろうか？

けれども、昼の光が遊牧民とのいい仲間関係をもたらしてくれるわけではない。たとえ誰かと言葉を交わすことになっても、共通の話題はほとんどない。どこの国の者か、と聞かれるかもしれない。ロシア人か？　と、たぶん彼の知る唯一のヨーロッパの国をあげて訊ねる。こちらは、英国人で遠い海のかなたから来た、と説明しようとする。すると相手は傾聴してはくれるが、当方の言葉が彼の限りのない無知に光をあてるのに役立たないことは、こちらでも分かっている。まもなく彼は、もっと彼に理解できる範囲に話を転ずるだろう。国王《シャー》のことで何か新しい話は？　シャーはこの夏、シアー・パラスの山荘に来られるかな？　シャーは病気にかからなかった？　病気！――彼は国中に荒れ狂うコレラに戦慄の意味をこめて語り、続けて彼の一家は事前に逃げるつもりだという。「連中が来たのはあっちの方角だ」と遠い谷を指さしていう――「病気が連中を襲った。連中のうち十一人が死に、ここへきてからも二人が亡くなった」。

不意に、身のすくむような怖ろしい情景が、この短い言葉で目の前にひらめく。疫病がどんなに醜怪な恐怖でこの小さな、かよわい営地を満たすことだろう！　死者の体は、どれほど畏怖のこもった荘厳でこの頼りない小屋を蔽うことか！　あらゆる快い物音にとってかわるのは、どんな嘆きの泣声か、そしてなんという憂慮にせき立てられて、死体は場所もさだかならぬ墓に埋められることだろう！


死の恐怖を遁れようとする村をあげての旅の列が、いくつも通り過ぎる——子供が追う山羊と馬の小さな群れ、葦の家を丸く巻いた束を載せ、その上に一家の男たちが座っている駱駝が何頭か、そして徒歩で最後尾にしたがう女たち、限られたところに大人数の全財産を詰めこんだ小キャラバンのまわりを吠えながらついてゆく雑種犬の護衛。

しかし、谷の住人は遊牧民だけではない。もっと贅沢な野営地が一つ二つある。インドのさる王子がキャンプを張っていて、そばを通ると釣竿を手にしたまま愛想よく「グード・イヴニン、サア」と声をかける。彼の数とぼしい英語が、わずかこの挨拶文句に限られているにしても、その場の独特の雰囲気をいくらか損なう。

またペルシアの貴人は夏の暑さをこの涼しい隠れがに避けており、川端にフランスあるいはインド製の手のこんだテントを張る。三、四十頭の馬を野天で飼い、魚釣りに出かけるときでさえ連れてきた大勢の従者にお供をさせて、馬でまわって歩く。従者は、主人がお遊びに熱中して流れに入り、水が腰の深さにまでなろうものなら、その後ろに張りつく。お歴々は、ご婦人がたも伴っている。気まな孤独を楽しめるこんなところですら、白いキャンバスの壁が、捕らわれの立場を逃れられない妻たち娘たちのテントのまわりに張りめぐらせてある。彼女らの召使いの黒人も川岸の柳のあたりではおなじみの姿で、全身を被って行き来するのも哀れだ。彼ら、つまりこうしたペルシアの貴族は、野営生活がよくわかっている。山中にあっても、自分の庭園や館にいるのと同じようにくつろぐ。その豪勢な鷹揚さは、すばらしい自然にそぐわないものではない……

けれどもこちらは、つまるところ遊牧民ごっこをしているにすぎない。そして月の光がキャンプの背後の岩壁を照らすと、劇場のペンキで描いた舞台背景の記憶を心のなかから追い払おうとする——岩壁が否応なくそれを連想させ、またそのために岩壁全体がまったく非現実のものに思えてくるからだ。

非現実——非現実！「空想は、よく言われるほど人をうまく騙《だま》すことはできない」。自分をこうしたテント族の同類と想定してみることは徒労に終わるし、彼らの往来を観察し模倣するのも徒労である。その生活全体があまりにも変わっていて、あまりにも世離れしている。それは、なかば幻覚、なかば悪夢だ。テントの住人のなかでは、こちらの居場所すらない。休業日に大挙して押し寄せるペリシテ人《びと》の俗物どもが、みごとな湿原をよごしてゆく空瓶や脂のついた紙屑のように、われわれがいることは天然の環境につける汚点であり、冒瀆の徴候だ。

自分の町へ帰れ、平らな道と秩序だった生活のあるところへ。ここはわが種族のものではない。彼我の間には、取り戻すことのできない無数の世紀が横たわっている。そして文明の流れは、人を山中の永遠の寂寞からはるか遠くへ押しやってしまっている。(3)

訳注

(1) 雨戸の小穴を……――原文 'qui n'a pas du ciel que ce qui brille par le trou du volet.'

(2) 地獄のいずれかの環層……――ダンテ『神曲』の述べるところでは、地獄は地核にむかって九個の環の層が重なった底細の漏斗状をなし、犯した罪ごとに分けられた者がそれぞれの環層に置かれているという。

(3) そして文明の流れは……――著者は地名をあげていないが、本章の記述がテヘランの東方、ラール渓谷での体験であることに疑いはない。あたりは標高五六七〇メートルの休火山デマーヴァンドの大火口原の一部で、当時は人口数十万といわれた遊牧民イリヤート族の居住地だった。ラール川は山中での幅が二、三十メートルの急流で、最後はカスピ海に注ぐ。渓谷は場所にもよるがテヘランから約七十キロ、険阻な道は馬で二日を要し、英国公使館員の夏のキャンプ地として利用されていた。ついでながら本章の原文は、主節の時制に過去形をいっさい用いない独特の文体で書かれている。

8　三貴婦人

外出着のペルシア女性．白い面被を横に振っている（ベンジャミン）

国王《シャー》が、後宮《アンデルーン》にある娘を召し入れることは、娘の一族全員にとっての大慶事といわれる。当人の名誉だからというよりは、親族が人の羨むいろいろな恩典を手に入れるのに彼女の力に頼れる、とあてにするためだ。案外、実際は逆で、娘もまたわが身を幸せに思っているかもしれない、またひょっとすると彼女次第でどうにでもなる一人の男の偉い立場が、女の王国の退屈を紛らわせてくれているかもしれない。とはいえ、王宮のハレムが住まいとしてどんなに快適であろうと、ある一点でそれは天国の楽しさには及ばぬにちがいない――ハレムの壁のなかでは、嫁をもらうこと、嫁に出すことの話がはてしなく行われるのは避けられないからだ。シャーの妻の数は大変なもので、(1)それに見合う一大家族に彼は恵まれている。したがって、王女たちにお似合いの生まれのいい求婚者を充分な数だけ見つけるのは、容易でないにちがいない。それに求婚者自身の態度にも、気乗り薄の気味が見られるようだ。シャーの娘婿であることの特権は、不利益なしでは手にできない。選ばれた貴族が富裕であれば、シャーは近親関係を口実に彼から多額の贈与を求めるだろう。後日、彼が妻をもう一人持つ気になっても、宮廷の不文律が立ちはだかる。もっと不都合なのは、彼が既婚者の場合に、シャーの意向に従おうとすれば妻を離婚せざるをえぬ羽目になることだ。縁組みに先立つ折衝が複雑をきわめることは避けられず、話が決まるまでの大奥の騒ぎは非常なものにちがいない。

このようなある一家の人と、私どもは知り合った。夫は、訳せば「地方州の評定者」となる称号〔カージャール時代の王族・貴族は男女とも個人名よりも称号で呼ばれることが多かった〕をもつ感じのいい人で、若いころの歳月の多く（とその資産の多く）をパリで費やしている。教養がありスポーツ好きで、ペルシア人のほとんどにとって不浄の動物の犬を愛し、また魚釣りに凝っている。彼は義父である国王のおかげで少なからぬ損害を蒙り、憤慨のあまりあらゆる公生活から身を引き、狩猟と射撃、持ち馬の品種改良に、そして自分の地所の面倒をみることで日を送っていた。外国暮らしのために彼は同胞の多くよりも気持ちの開けた人になっていて、娘たちの教育に特別の注意を払い、しかるべき年齢になるまでは結婚させないこととし〔当時は幼児結婚や若年時の仮祝言が普通だった〕地位にふさわしい自由も与えていた。娘は二人いて、私どもが彼女たちとその母親の王女と知り合ったのは、テヘランでのある日の午後のことだった。

ところで、ペルシアでの午後の訪問を軽く見てはならない。それは結構堅苦しいもので、二時間はかかる。三人の貴婦人の住む家に着くと、案内されたのは中庭を二つと長い廊下を通ったあとの、葡萄の蔓のからむベランダに窓が開いた部屋だった。その様子には、オリエント風のものが何もない。白地に赤い薔薇を散らせた柄のフランスの絨毯が床を被っている。壁に掛かっているのは、何枚かの写真と鏡である。マントルピースにはガラスのシェードの下に精巧な作りの花瓶が飾ってあり、いくつかの棚には石膏像が立っていた。私どもはまるでフランスの城館《シャトー》にでもいると思うところだった、城主夫人《シャトレヌ》のお出ましがなければ。

奥方は中年の人で、おおいに肥満し、また肌の色が非常に黒い。双方の黒い眉毛は合わさって、額を一文字に走っている。(2) 唇の上には、髭の気配以上のものがあった。顔は下ぶくれで、その輪郭は首との区別がつかなかった。ペルシア婦人の部屋着は、恰好のいいものではない。彼女は、かろうじて膝までの、襞を非常に多くとってバレーダンサーのそれのように体のまわりに張り出したスカートをつけていた。そして白木綿のストッキングにサテンのスリッパを履いている。このような細かいところは、一部は長い被衣で隠れていた。被衣は前合わせで、膨らんだスカートの上に羽織ってから、合わせ目をぎごちなく握っているのだが、歩くと前が開いて白木綿の踝《くるぶし》のところが見える。奥方の場合、この長衣は薄青の金襴織《ブロケード》だった。髪は束ねずに、白いモスリンの面被《ヴェール》は額の下部で締めた上、後ろ髪のほうに振って垂らしている。また、東方で慣用の化粧品にたよるには開けすぎた人だった。指の爪にもヘンナ［ミソハギ科の灌木の葉からつくる赤褐色の粉末染料］のオレンジ色のマニキュアをしていない。話のなかでも目を隈どるしきたりには大反対を唱えたし、似たような野蛮な習慣は英国にもないではない、と私どもが言うと、非常に驚いていた。

会話が活気あるものだった、と思われては困る。私どもと通訳にあたってくれたフランス人の女性が精一杯に努力したにもかかわらず、話はときに情けないほどだれてしまった。女主人はフランス語をいくらか話せたのだが、恥ずかしがってお手並みを披露せず、一緒にいた友達がどう説得してもたまに単語を口にする以上のことはしてもらえなかった。私どもの意見を神経質そうなくすくす笑いで受けとめ、通訳のフランス婦人が「殿下はこれこれしかじかに思っておいでです」と答える間、横をむいてハンカチで顔を蔽っている。面談が半時間ばかり続いたところで、お茶のコップが中央の丸テーブルに運ばれてきた。

まもなく、二人の娘が緑とピンクのサテン地の衣服の裾を引いて入ってきて、テーブルにむかって腰を下ろした。若いほうは十六歳くらい、きれいでとり澄ました小柄な人で、モスリンの面被がまん丸で子供っぽい顔のまわりを包んでいる。もう一人は二歳年上で、母に似て色が黒い。ただその顔色は母親よりは透明がかったオリーヴ色で、巻毛はほとんど褐色といっていい明るさだった。美しくカーヴした唇だが、ちょっと厚すぎる感じがする。目は大きくて褐色、目尻の切れたアーモンド形でまつげは長い。澄んで哀愁をおびた目の表情は、犬が親愛のしるしに鼻をすりつけるときの人を信ずる目を思わせた。

その信頼しきった様子は、彼女を裏切らなかった。私どもの手を自分の小さな褐色の手に取り、勉強のこと、アラビア語のこと、音楽のこと、そして可愛い頭を悩ませているフランス語の新聞のことなどを、はにかみつつ語り、私どもの質問にはきれいな声をひそめ、黒いまつげを伏せ、軟喉音の多い話しぶりで答える、「バレ・ハーノム［その通りです、お嬢様］」。もしくは、彼女の狭い経験の範囲にないことを言われて拒みたいときには、くすりと笑い、ゆっくりと、驚きのこもった「ナゲーェール！[3]」を返す。

一時間ほどの間にレモン・アイスクリームをご馳走になり、それをすませると庭に出ましょうと誘われた。手をつないで散歩し、立ち止まっては、オレアンダーの樹下に鎖で繋がれていくらおだてても耳を貸そうとしない、愛想のない猿に話しかけたりした。

庭園には大きな池があり、岸にはカヌーが留めてあった――こわばって嵩《かさ》のたかいペティコートをつけたご婦人がたには具合のわるい舟であることはお察しのとおり！　芝生にテントが張ってあるのは、奥方たちが山中の避暑キャンプに出かける前夜で、これから使う野営用具の調子を見ていたからだ。テントと池のある庭園はまるで幻想的なオペラの舞台で、風変わりで派手な色の衣服の女たちは仮装舞踏会のメンバーのようだった。オーケストラの演奏が始まるや、私どもの前で三人舞踊《パ・ド・トロワ》を踊りだすわけだ。けれども演技の始まりはなぜか遅れてしまって、樹かげに座っていた私どもに召使いがコーヒーを運んできたのは、訪問の予定時間が終わり、そろそろお暇をせねばならぬしるしだった。娘たちは外側の中庭までついてきて、私どもが馬車で去るまで半開きにした戸口で見送っていた。おそらく、彼女たちもこのように足枷もなく自由に世の中へ乗り出してみたいと願っていたか、あるいはひょっとすると、私どもが恥ずかしげもなく面被をつけずにいることに呆れていたのかもしれない。

山中で過ごしていた間に、もう一度この三婦人に会いに行ったことがある。そのキャンプは私どもより一マイルばかり川を下った草の多い台地にあり、木の生えていない長い谷の先の、そしてデマーヴァンドの白い峰を頂く山々を見渡す眺めがすばらしいところだった。テントの前で川を渡ったとたんに風と雨と雹《ひょう》の混じった嵐に襲われたが、たじろがずに先へ進んだ。訪問のことは前から決まっていたし、乾ききった夏の日のあとでは顔に打ちつける雨はむしろ快かったからだ。

ペルシア風の野営地に着き、婦人用のテントに張りめぐらせてあるキャンバスの壁の前で馬を下りる。黒人の奴隷がカーテンをたぐり寄せたあと、私どもは大きなテントのなかへ請じいれられた。王女は、寝具を巻いて作ったソファに座っていた。私どもは寒さに歯を鳴らせながら挨拶し、彼女のそばの木の椅子に腰をかけ、フランス語で骨の折れる話をつづけた。そのうちに、私どものずぶ濡れの服が一段と冷たくなってくる。この前の訪問で頂いた湯気の立つお茶のコップを思いだし、早くそれが出てくれないかと願っていたのに、ああ！ 今回はお茶ぬきで、供されたのはレモン・アイスクリームだけだった。暑い夏の午後のレモンアイスの効用を否むものではないけれど、ペルシア人の歓待のお決まりの発想はレモンアイスを出すことで——雹の大降りの最中にレモンアイス、雨で濡れそぼっているのにレモンアイス、身を切るような風がテントの入口から吹きこんできてもレモンアイス——それは最良に保たれた体調でも耐えられる限度を越えている。私どもは、丁重にご辞退申しあげた。(4)

過去ふた月の間に、この一家にはある重要なことが起こっていた。長女と、富と力の面でよく釣り合いのとれたさるペルシア貴族の青年との縁談がまとまったのだ。相手のほうも、夏を山中で過ごしていた。その野営地は私どものすこし上手だったから、彼と彼の未来の岳父との間に毎日繰り返される訪問を観察できたのだ。二人は馬で、大勢の騎馬の従者を連れて向こう岸の岩の多い馬道を行っては帰る。八月のこうした日々に、きたるべき婚礼と毛針で魚を釣る腕のことがさかんに論議されたことに疑いの余地はない。私どもは、このオリエンタル・ロマンスのまん中にいたわけで、彼らの話し合いに一臂《ぴ》の力を貸すかのような感じがした。祝意が物をいうのであれば、まちがいなく、私どもは若い二人のために大いに役立ったことになる。

「地方州の評定者」は、自分の時間のほとんどを鱒釣りに費やしていた。また黒人奴隷に作らせた派手な毛針を、よく私たちに分けてくれた（彼自身も非常な釣り巧者だった）。分かったのは、それがラール川［前章訳注3参照］の鱒を魅了するのは英国のマーチ・ブラウン［三月ごろに現れるタニガワカゲロウの一種。鱒が好む］やパーマー・フライ［毛針の一種］などにはるかに優る、ということだ。上の娘は、趣味を父親とともにしていた。あの雷鳴とどろく午後に、彼女と妹が母親のテントで私どもと一緒になったときには、私どもの釣果の数や一番大きな獲物の寸法を比べあって、この気晴らしの楽しさと失望を語る議論に花を咲かせたものだ。娘たちは、遠方まで足を伸ばしはしない――自分たちのテントに近い淵や流れで満足している――けれども、彼女たちがそもそも魚を釣るということがその活力のなみならぬことを示している。よく考えて毛針を投ずることはたかだかむずかしい技だが、頭から足まですっぽりと被衣に包まれてそれを投げるのは不可能に近いと言わねばなるまい。

この二度目の訪問は、初めのときよりも楽しく過ごせた。新鮮な山風が堅苦しさの靄《もや》を吹き掃《はら》っていたし、通訳を介することもなく、お互いの意見を述べあう共通の関心事にも恵まれた。それこそが、楽しい会話のための秘訣である。人を魅するのは独創性ではない。機知といえども、最後には笑いを誘わなくなる。ほんとうの楽しみは、自分のしていることを相手に語ることだ。幸いな偶然で先方もまさに同じことをしていた、したがってこちらの話に耳を傾け、充分に理解した上で応答してくれるとわかれば、真の親交を保つのにほかの紐帯はもはや必要としない。

ラール川のほとりで、やはりいなかの休日《ヴィレッジアトウーラ》を楽しんでいたあの猿と私たちとの間には、遺憾ながらこの絆はなく、結果として、彼との関係は前回と比べてすこしも改善しなかった。それどころか、私どもの存在はかつてなく彼を苛立たせたようだ。訪問の間中、彼は私どもに悪意に満ちた突進を繰り返した。だが神々がいつかは、彼の不屈の行動への報いとして、私どもが立ち去る前にただの一度でもいいから噛みつけるように鎖を伸ばしたまう、という彼の願いはむなしく終わった。

ただ神々は永遠の時間をお持ちだが、私どもは急がねばならぬ。われわれの時は短いのだ。猿の悲願が成就するよりもはるか前に、私どもは席を立ち、三貴婦人にいとま乞いをした。後には、キャンバスの壁の後ろで私どもを見送っている彼女たちの姿があった。

じめじめした谷間を登り、家路をさして馬をゆっくりと駆け《カンター》させていると、山の空気が快い暖かみを私どもの気分に送りこみ、彼女たちの捕らわれのありようが、あわれな、まがいものの人生に思われてきた。

雨は去り、澄みきった壮麗のなかで日は山脈のかなたに落ちた――デマーヴァンドの斜面にたゆたう真っ赤な光芒を残して、あるかぎりの光明を西の世界、私ども自身の世界へと運びつつ。

訳注

(1) シャーの妻の数は……――ベンジャミンは「何人かの」とごく控えめに述べ、カーゾンはほぼ六十名と推定、アッバース・アマーナト(第三章訳注4参照)は治世五十年間の延べ数を八十人としている。

(2) 眉毛は合わさって……――生まれつき眉毛が濃くて一本につながっているような場合もあるが、とくに当時の流行で硝酸銀などを用いて眉の間を染めることがしばしば行われた。

(3) 「ナゲーェール」――原文 "Naghai-ai-r". ペルシア語の否定の間投詞 "Nakheir"「ナヘイル」(いいえ)を強意のなまりで長く発音したため、無声の摩擦音 kh が有声の gh のように聞こえたのであろう。

(4) 丁重にご辞退……――ベンジャミンは、当時の社交的訪問で守るべき非常に煩瑣なルールを列挙している。ホスト側は、たとえば春分から秋分までの間は、最初のお茶とコーヒーの代わりにアイス(アイスクリームあるいはシャーベット)を供さねばならない(ベンジャミン p. 102)。著者がいとわしい「発想」と解したのは、むしろ「作法」というべきものだったようだ。

9 王の財宝

ナーセロッディーン・シャー・カージャール
（ベンジャミン）

私たちがテヘランを離れたあとで町はコレラに襲われたため、その秋の日の朝、うつろな陽光のもとの街路はいつもより人通りが少なく、さびれているようだった。しかし町の中心であり心臓である王城《アルク》のあたりは、やはり人ごみであふれていた。顧客が即時、永久に廃業してしまったために、持ち主が小さな店を閉めているところも多い。でも残った人は以前と同じくいきいきと商売に精を出し、かけひきに身振りを交え、通りがかりの私たちにもったいらしく嫌悪を見せて長衣をたぐり寄せ、そして相変わらず楽しそうにガラスのコップのお茶をすすっていた。

ただでさえ雑然とした群集をひときわ多彩にしているのが、国王《シャー》の従者《ファッラーシュ》の深紅の上着、王宮の下僕の多色を用いた衣服に珍奇な冠《かぶ》りもの、そして町かどでぶらぶらしている兵士たち——思うに、物の役に立ちそうもないのは城壁の上に配備されている、ペンキを乱暴に塗りたくったような仲間とかわらぬ兵隊——のぼろ布みたいな制服だ。こういった粗雑な色柄が「諸王の王」の目を満足させ、その芸術的嗜好に訴えるのである。シャーに喜んでもらうのはわけはない。木製のおもちゃの兵隊をモデルにして（小さな緑色のスタンドは気をつけて外しておく）、等身大に拡大し制服と両頰に考えられるかぎりに派手な色を塗る、それでテヘランのおもな市門だけでなく王宮に通ずるすべての街路に光彩を添えるにふさわしい、とされる意匠が手に入る。

東方の生活には、転調がない。昼が薄暮という予告期間ぬきにいきなり夜に転ずるのと同じく、テント造りのウマル［四行詩（ルバイヤート）の作者ウマル・ハイヤーム。一一三一年没。ハイヤームはテントをつくる人の意］の言葉をもじれば、富者の家と貧者のそれとの間も差は紙一重《ひとえ》となる。奇妙な対照には馴れっこの私たちだが、あのけばけばしいみすぼらしさが値もつけられぬ「王の財宝」の背景でありうるとは、ちょっと考えられないことだった。

かねて耳にしていたその豪華さのお話は、オリエント風のゆたかな想像力の産物にちがいない。東方は、数々の不思議の生誕地なのだ。そこで幾たびとなく繰り返された物語は真実という外見を手にいれ、物を信じやすい聴き手のみならず、話を作った人をも欺くにいたる。では、それが迷信とわかるような機会にはすべて背を向ける健全な信念を丹精こめて育んで、ほかのお伽話なみに受けとめておけばよかったのだ。


私どもは、帝王にはふさわしからぬ門の前で立ち止まり、仰々しく王宮のなかへ案内された。なんといっても、王宮は思いのほかに美しい。庭園が細長くなったところを過ぎると、最初の内庭がある——まわりは政府の役所とのことだった。もっとも「役所」という言葉では、上階のベランダでカーテン［ベランダの外へ差しかけた大きな日除けの垂れ幕］がはためいて屋内の空気が涼しくなるように煽っている、雅致《がち》ある建物の印象は伝えにくい。案内人のあとについて、アーチの下の高く、ほの暗い通廊を通って、陽光のもとの中央庭園に出た。まわりを囲んでいるのは、不規則な形につながった建物である。ここでは壁が彩色陶器《ファイヤンス》で煌めき、向こうでは長いアーチ――イタリアのどこかの閑静な修道院にあってもおかしくない優美なアーチだ――が日に灼かれた舗床から奥へつづいている。アーチの先には、新しい年の元日［イラン暦（春分の日から始まる太陽暦）での］にシャーが威儀を正して着座する、派手な飾りのついた建物がある。前面の庭との間は大きなカーテンの襞だけで、それが開いていると林立する円柱の奥に彫刻が施された玉座も見えるわけだ。さらに進んで、宮殿そのものに達した。二階建てで窓が多く、石段の下からは美しい遊園がひろがる――舗装された小道、なめらかですがすがしい芝生、樹木とはなやかな花壇、そこに気持ちよくしぶきを散らす噴水、青いタイルを敷きつめた上を曲折して流れる小川。それらとの境をなすのが、大奥《アンデルーン》の、不可侵、禁断の塀だった。

　大理石の階段を昇ったところに大きな木の扉があり、開ける前には施錠の封印を破らねばならない。私どもは、案内役の大臣が錠をぎごちなく触っている間、期待に胸をはずませていた。もしかするとあの男は実はおそろしいイフリート[1]で、長い捕らわれの後に私どもが現れたおかげでソロモンに閉じこめられた瓶から脱け出せた、のではあるまいか［『アラビアン・ナイト』「漁夫と魔王の物語」（前嶋版第三夜以下）］。私どもは半ば身構えて、彼が見せてくれるはずの夢のような宝物に備えた。

備えた？　ああ、いや、とんでもない！　だって、つぎの瞬間、眼前に現出した光景に備えられる人間がどこにいるだろう？

　磨きをかけた床と塗装された壁に丸天井の広い部屋、その深く窪んだアルコーヴの奥の細長い窓からわずかに日光が射しこんでくる——そして、いたるところ宝石！　アルコーヴの棚はすべて宝石、壁に掛かったカーペットにぎっしりと縫いつけられた宝石、部屋の奥の玉座から煌めきを送ってくる宝石、そして部屋の中央あたりに置いてあるガラスケースのなかの宝石、それらが日の光で輝き、光り、暗い隅で閃光を放ち、広間全体を火花の明るさで照らしていた。

　目は眩んでしまっているのに、私どもはアルコーヴの一つに向かうと、棚の上の吟味にとりかかった。ルビーに被われた鞘《さや》の刀剣がある、端から端までトルコ石とサファイアを螺旋状に巻きつけた官杖や王笏《おうしゃく》の類がある。ダイヤモンドの冠は、どこかの皇帝の頭に光輪を戴かせるに足りよう。鎧の胸当てと肩飾りは、そこにちりばめられたエメラルドの輝きで敵の槍の穂先をそらすだろうし、楯の光沢にうろたえた彼の目は見えなくなるにちがいない。また指輪、腕輪やすばらしいネックレス、星章に勲章に、そして夢想すらしたことのない装身具、さらに、金細工師の才が課せられた仕事を終えずに尽きたかのように、無数の列に並べられた小杯のなかの、台をつける前の宝石——ダイヤモンド、サファイア、トパーズ、アメシスト——まさに杯で凍っているオリュンポスの神の美酒《ネクタル》［ホメロスが歌った、不老不死のための神々の飲料］だ。ガラスケースのなかには、昔の諸王の冠や、貴石類に輝く丈の高い、面を閉じた兜、糸を通していない真珠の山、その途方もない高価さだけが見ものの、費用のかかったくだらないがらくた——たとえばべた一面ダイヤモンドの柱の上に乗っている、海を大粒の平らなエメラルドで、大陸をルビーとサファイアで作った地球儀。あるいはケースのなかに惜しみなく撒かれたトルコ石の輪と大きな金貨でできた花綱。金貨は使われなくなって久しいが、かつてはこの王貨で莫大な資金がロシア皇帝《ツァーリ》に支払われたこともあるという。部屋の反対側の宝物も、ほぼ同じくらいに値打ちがあり、むしろより美麗だった。つまり戸棚という戸棚が優美な琺瑯《ほうろう》の器や鉢や細口瓶、そしてあざやかさが褪せない混色の、柔らかで繊細な模様で飾られた水煙管《カリャーン》の胴などで埋まっていたからだ。こういったものは、あら捜しが好きな目利きたちの批評をはるかに超越する。彼らに見せれば、宝石は要するに見かけ倒しであり、とてつもなく大きなローズカットのダイヤモンドも大抵は傷もので色が汚れている、などというにきまっている。

宝石と琺瑯のなかで特別の場所を占めながら、私どもの賛嘆のさなかで笑いのさざめきを誘ったものがあった。宝庫の持ち主であるシャーは、身体の外観を飾りたてることに劣らず内部の満足な状態にも留意していると言いたかったに相違なく、棚の上のほうを埋めていたのはいくつかの小瓶――でも、この銀色の粒は一体何だろう？　私どもは、好奇のまなざしで見上げ、不思議がった。真珠にしては白さが足りず、あるいはひょっとすると、しかし、まさかそんなことがあろうはずはない――いや、やはりそうだ！　丸薬だ！　そう、事実それは丸薬――シャーが欧州を旅行中に買い集め、持ち帰って財宝と並べて置いたいんちき売薬だったのだ。この発見のあとではダイヤモンドのなかに安物の香水や歯磨き粉の瓶があっても、あるいは値段のつけようもない七宝焼《クロワゾンネ》の鉢に歯ブラシが入れてあるのを見ても驚かなくなった。また部屋の下手のあちこちに、それぞれの小卓子に置いてある木箱がオルゴールにすぎないことには、もったいつけて言われても幻滅すら感じなかった。「宇宙の保護者」〔シャーを讃えていう称号〕が宝物の検分に見えるとき、それを一斉に鳴らし始めるとお気に召すのである。

どういう事情がうまく重なったがゆえに、これらの宝物がいまも手つかずに保たれているのかは神のみぞ知りたまう。守護の悪魔《イフリート》が見張ってでもいるなら別だが、宝物の監視はきわめて不充分としか思えなかった。なるほど扉には錠がかかっていて、鍵を持っているのは王と宰相だけだ。けれども盗賊は、錠をこじあけねばならぬから思いとどまるとは限らない。実直な道義心から王の封印を破る気は起こさなくとも、やる気のある男であれば多少の工夫の才をはたらかせて数多い窓の一つから、あるいは屋根からでも侵入を考えるだろう。一旦入ってしまえば、持ち出すことが露見する心配など消しとんでしまう莫大な財宝と彼とを隔てているのは、戸棚のガラス戸しかない。


つぎに案内されたのは、さる征服王がデリーから持ってきたと伝えられる世界に名を知られた「孔雀玉座[2]」である。真珠を縫いつけた一枚の緋色の絨毯がその床を被っていて、そこに王は珐瑯と貴石の光線に囲まれて東方風に胡座《あぐら》をかいて座る。一年前、この玉座をめぐる貪欲と宮廷陰謀のいまわしい話があった——でもこの玉座の宝石が、いまは忘れられているがどれほどの犯罪のおかげで残酷で蠱惑的な輝きを見せるようになったかは、だれも言えないだろう。

私どもは感じのいい部屋が長くつながるなかを進んだ。天井は低くて彩色され、壁は鏡片のモザイクで被われ、窓は晴れやかな庭園に面している。ヨーロッパ絵画のきわめて拙劣な複製が、飾りに用いられていた。その一つと一緒に掛かっているのは、額縁に入った写真だった——シャーの欧州旅行のときの集合写真で、むさくるしい姿の彼が中央の位置を占め、王族であれ慈善学校の子供であれ、写真の集団に特徴的なあの放心したうつろな表情を全員が浮かべていた。すばらしい絨毯が、穏やかな紅潮で部屋を満たしているところもあったが、大抵は、床に敷いてあるのは欧州の織機から生まれた粗悪な製品――例のどぎつい色の薔薇《ばら》模様や、低俗でけばけばしい図柄で、それが現今のオリエントの堕落した趣味の上に嘆かわしい魅力を発揮しているのだ。

どうしようもない戸惑いの思いに駆られつつ、私どもはようやく王宮をあとにした。そこは、私どもが想像もつかぬ富に眩惑され、幼稚な愚行に笑いをこらえきれなかったところである。黙りこくって埃っぽい道に馬を走らせて帰途についたとき、富と幼稚はいずれ劣らずくだらぬものと、私どもには思われた。

宿舎の庭園の門前に庵を結ぶ、ある尊い修道者《ダルウイーシュ》がいた。彼もまた、一人の王――貧の王国の――であり、狭い一筋の荒れ地を議論の余地のない支配のもとにおいていた。彼が税金として取り立てるのは喜捨であり、宮殿は木の枝で葺いた屋根、四本のむきだしの棒が玉座の円柱、そして砂漠の石が彼の戴冠宝玉だった。その日常の過ごしかたには、彼の隣人であり兄弟である君主のそれとさしたる違いはない。長い夏の間に、彼はまわりの石を集めては形のととのった山に積み上げた。その実りなき信仰実践はほとんど完成し、作業は最後の仕上げにかかっていた。冬の風雪でまちがいなく壊されるのは、不運という冬がくれば片方の王の富も吹きとばされてしまうのと変わりはない。しかし修道士はのちの思いに心を煩わすことはない。彼は自分なりの奇妙なやりかたで、神の栄光のために一生懸命に努めていた。彼の宝石は錠も封印も警護の兵士も必要としなかったが、小石の山の見せる人間らしい興味は、「王の財宝」が及ばないありがたみをそれにもたらしたのである。

訳注

（1）イフリート――アラビア説話に現れる悪魔のひとつ。前嶋信次訳『アラビアン・ナイト』（平凡社・東洋文庫版第一巻「あとがき」）によると、悪魔にはジャン、ジン、シャイターン（サタン）、イフリート、マーリドの五種があり、その順で凶悪の度を増すという。

（2）孔雀玉座――前代アフシャール朝の始祖ナーディル・シャー（在位一七三六―四七）がムガル帝国時代のデリーから奪ったが、その真正性に疑問があり、カーゾンはいくつかの根拠をあげてテヘランに落ちつくまでに模造ないし再製されたと考証している（カーゾン vol. 1, p. 317 ff.）。

10 シェイフ・ハサン

ある若いモラーの肖像（ベンジャミン）

並木道の曲がったところから彼がやって来るのを、いつも見守ったものだった。身にまとう長衣が邪魔になって足早には歩めず、羽織ったマントを片手で抑え、頭を傾けて目は地面に向けていた。近くまで来るとちょっと見上げて、私が座っている大きなテントの薄暗いなかを見透かそうと眉をひそめる。道の両側には、プラタナスの樹が亭々《ていてい》と伸びていた。頭上高く、その枝はたがいに触れあってアーチをつくり、暑い夏を切りぬけられるのはプラタナスのみかのように、みずみずしい緑の葉で道に屋根をさしかける。広葉の間からは日光が小さな円になって落ち、近づいてくる彼の白いターバンと、のどのあたりの麻の肌着の上にちらちらしていた。彼は、周囲の一部分そのもののようだった。毛織のマントは褪《あ》せた灰色、ペルシアの砂塵の色であり、下衣はプラタナスの葉の緑色で、ターバンは陽光のように輝いていた。とはいえ、その顔は、彼自身のものだ。褐色でとがった感じで、くっきりした眉毛の下に深くくぼんだ両目は黒い。肉の薄い褐色の両手もまた彼自身のもので、その人柄が染みこんでいた。手を見ておくだけで、彼がどういう種類の人かを当てそこなうことはあるまい。手首は細く、そこに静脈が浮き出て、指は長いけれども先のほうはむしろ丸みを帯びた、繊細で神経質そうな、思慮ありげな手だからだ。そして皮膚は日に焼ける余地のないほど黒く、彼が一個のオリエント人であることを語っていた。
私どものレッスンに決められた日ごとに彼は騾馬《らば》の背でテヘランを出、午前中の暑熱を避けて信じられないほど早い時間に村に着いていたと思う。でもその六マイルの道のりは、よく見ても楽しくはないものだったにちがいない、道は踝《くるぶし》まで砂に埋まるし、太陽は地平線を出たかどうかでもう酷薄に照りつけるのだから。したがって、中央に水の溢れる池があり、きれいな水が前面の青いタイルの上を走る涼しい樹かげの庭園とほの暗いテントは、風のない町の暑さと埃まみれの道中のあとでは結構な避難所だったのだ。

「御身に平安を！」低くお辞儀をしながら彼はいつも言う、「お嬢様、ご機嫌よくおいでていらっしゃいますか？」。「神の思し召しで、しごく元気にしております」と答えるのが、私の常だ。すると相手はもう一度低頭し、敬神の心をこめて言葉をつなぐ、「神は讃うべきかな！」。ついで椅子を引き寄せて私の前に腰を下ろし、幅広の袖の下で手を重ね、白い長靴下を履いた脚を組み、ぱっちりした目でめざとくまわりを見渡す。話の間は身振りに頼らず、手を重ね脚は組んだままで、彼が関心をもったことを示すのは瞬きを繰り返す鋭いまなざしと唇の端のあたりが不意に動くことだけだった。決して大きくは笑わなかったけれど、ほほえみを洩らすことはよくあった。そのほほえみは謎めいていて、ヨーロッパ人のめずらしい言い分を面白がるというよりも、寛容に驚いていることを語っていた。私はよくいぶかった——彼が蔑むように妙に口を曲げるもとにある、その脳にひそむ思いとはどんなものだろうか、と。だが、ときには彼がまちがいなく退屈していること、そしてレッスンが早く終わり、家へ帰って暑い盛りを寝てすごしたいと思っていることのほかに彼の心をよぎるのは何か、しかと分かったためしはない。そのようなとき、彼は心の内を非常に長い、非常に頻繁な欠伸《あくび》をすることで表した――たしかに暑かった！　私も、眠気を催すことはしょっちゅう――彼と同じくらいに早く起きて、馬を乗りまわしていたからだ。

私たちの交際に少々限界があったのは、おたがいの考えを伝えるのに充分な手段がなかったことによる。彼はフランス語――テヘランで習得できる程度のフランス語――を話したが、私のほうといえば――いや、もう！　私のペルシア語で、うんと先の境地まで達したことなど一度もなさそうだ。それにしては、二人ともどんな広い範囲の議論にでもむこう見ずに乗り出すことに慣れていた。

相当な改革派、それがシェイフ・ハサンだった。事実、彼は自分の見解をあまりにも歯に衣着せずに表明したことで一度ならず当局と悶着を起こしており、どうやら現代の弓弦《ゆみづる》にあたるものを自分のほんとうの好みよりも肩に近いところではじいてしまったらしい。また自由思想家でもあり、その褐色の指の先まで徹底した懐疑派だった。

ウマル・ハイヤームの四行詩《ルバイヤート》のひとつが、共通語という人を載せる粗末な筏一枚すら用意しないで、私たちを哲学的不明確という水の最深部へ投げこむことがある。二人は、相手が言葉の上で払っている努力には敬意を抱きながらもそれが伝えるはずのことはろくに分からぬまま、喘ぎ、咳きこみつつ、なんとか浮かび上がろうとする。あえて言えば最後にはほぼ同じところに行きついたのだが、私たちの間にこのような深淵が横たわっていたとは、なんと残念なことだろう。つまり、ハーフェズ［十四世紀の叙情詩人］がいつもの譬えで言ったように、「およそ人の英知に対して、その厳めしい門は開かれてはいない、またこれからも開くことはない！」[1]のである。

　このシェイフはペルシアの政治に対して無限の軽侮を抱いていた。「何もかも腐っています！」と、いつも言う。「腐っている！　腐っている！　一体、どうしようというのだ」（蔑みに眉をあげて）。「誰も彼も汚れています。しかもシャーが、私たちの君主ときているのです。現にあるものすべてを一掃することから始めねばならぬ始末です」。

　しかしヨーロッパ文明の有効性に対する彼の不信も、それに劣らず深かった。彼のペシミズムは、一つの建物の上に別のものを、つまり東方世界の上に西洋のそれを積み重ねようとする人たちの軽率な楽観論よりは、ずっと分別のあるものと私には思われた。彼らは、そもそも新しいほうが倒れずにいるとして、それが建っていられるのは古いほうを跡形なく圧し潰すことによる以外にあり得ないのではなかろうか、などということは思ってもみない人々なのだ。いずれにせよ、シェイフ・ハサンは前途に希望をもっていなかった。このような話のあとには、きまって彼はこう言う、「情けない国《トリスト・ペイ》！」。「ああ、情けない国！」――祖国の考えうる将来について、自分の意見をもっていることは私にも分かっていたが、彼はそれをかるがるしく打ち明けるほど無思慮な人ではなかった。

彼の私生活については、どのような所帯なのかは大いに知りたかったが、質問する気にはなれなかった。テヘランには妻が一人と、何人かの子がいる。異教徒の外国人に対する奥方の不承認は牢乎《ろうこ》たるもので、夫は一日のうち外人とどれだけ時間をすごしているかは妻に隠すことを余儀なくされていた。コレラ流行のさなかに聞かされた逸話で判断すると、彼女は一家を鉄の手で支配していたにちがいない。シェイフは町が疫病に襲われ家族が危険にさらされていることを深く憂慮し、手に入る薬としてはもっとも手近なブランデーを六本、念のために仕入れておいた。同時にオリーヴ油についてもいい出物があると聞き、用心深い人だったからその油も六本買い、いずれも地下の穴蔵にしまっておいた。ところが、つきのないある朝のこと、たまたまそこに入った妻が暗い隅にブランデーが隠されているのを見つける。信仰心にかけては指折りの婦人だった彼女は、即座に預言者のアルコール飲料を否認した言葉［コーラン五—九二］を思い出し、さっさと瓶の栓を抜き中身を床に流してしまった。さらに捜索を続けたところ、長女が別の隅で油を見つける。母親のしたことを見ていたから、娘はそれに倣うにしかずと決め、その結果罪もない液体も地下蔵の床に流れて、そんなことは気にも留めないどこかの神に注ぐ香油となってしまった。不幸なシェイフは帰宅して、自分の深慮と値切り能力が、ともに家内の女たちの見当はずれの熱意で無に帰したと知らされたのだ。

コレラは家族のだれにも死をもたらさず、ただ妻が軽い症状を呈しただけだったが、シェイフ・ハサンは危険がおさまるまでの何週間かを不安の内に過ごした。

「三十七夜というもの」と彼はつらそうに語った——「私は横になっても目がさめたまま、子供たちが無事であるためにはどうしたらいいのか、思い悩みました」。正真正銘のオリエント的宿命論のために、彼がなんらかの積極的な措置を講じた形跡はない。三十七夜にわたる熟考が終わっても、彼が何の結論も得ていないのは相変わらずだった。さいわいなことに、コレラの猛威はそのころには峠を越えたのだった。

東方における教育の不思議なことは、実に測りがたい。中年の男であるのに、シェイフ・ハサンがそこの学生だった一種の神学院、マドレッセをやめたのはつい最近のことだった。そこで彼はアラビア語、地理学、それに天文学を習った。また多少は哲学もかじっていて、翻訳によってだがアリストテレスの著作に親しんでいる。そして宗教の諸教義については多くを学んだけれども、すべて心底から信じたわけではないので、その勉学から得たものはほとんどない。美しい字を書くのが得意で、その妙技については大いに自慢していた。葦の茎のペンを削って半時間ばかり座っているうちに、細心の注意を払って精妙きわまりない飾り書きで四行詩をいくつも書き出す。そして仕事に非常なよろこびを見せるものだから、彼の邪魔になるようなことをする気はとても起こらない。彼は、私もそのわざを習得することを強く望んでいた。私は、どれほどの時間をかければいいか、と訊ねてみた。「さよう」、と考え深げに彼は答える。「五年か六年、毎日三時間を習字に当てられたら、その終わりのころにはなんとか物になりましょう」。

そんな成績では、私が耐えるべきと言われる辛苦はどうみても割りに合わぬ、とは彼は思っていないらしい。私は、彼の気持ちを傷つけるような意見はなにも言わないでおいた。

彼には、ペルシア語で長い手紙をいくつも書いた。「親愛なる友よ《ドウステ・アジーゼ・マン》」が、その書き出しだ。彼はレッスンの合間に、それを読む。そして、巧緻をきわめた優雅な言葉——「貴女の僕《しもべ》は、貴女のご指示をたまわる光栄に浴しました」といった調子の——を用いて返事をしてくれる。美しい、装飾的な字体の丁重な言葉で彼が自分の紙を埋めているのを見ると、私の生硬で曖昧な文章には愛想が尽きてくるのだった。

彼に、文学的名声への夢がなかったわけではない。ある日彼は、共作の一大計画をもちだした。私たち二人で、ペルシア語文典を編纂しようというのだ。それは、世界中でこれまでになかったような文法書（その言葉からすると、彼は自分で理解する以上に現実を踏まえていたのかな、という気がする）になるはずだった。彼がペルシア語で書き、それを私がフランス語に翻訳する。私はすべてに同意した。二人が蛮勇を揮って、にっちもさっちも行かなくなることはあるまい、という点では自信があったからだ。そして私たちは勇気を奮い起こさずじまい——ペルシア語文典は、いまなお書かれていない。

彼の持つ知識でほんとうに有用な一つは、マドレッセで教わったものではない——フランス語は独学で習得した、と語っていた。もう少し断片的でない状態でそれを身につけてくれていたら、と私としては望みたいところである。彼の翻訳は、ペルシア語原文の意味を明確にするにはほとんど用をなさなかった。二人でハーフェズの詩をいくつも読んだが、シェイフが使える性《ジェンダー》は一つしかなく、詩人が愛人たちのことを情熱こめて語った言葉も、私に伝えられるときはいつも男性形だった。「巻き毛《ブクル・ド・シュヴー》」も、最初は女の美しさを表すには異様に思われたが、慣れ、つまり感覚を平準化するものは、このゴルゴンじみた髪型すら、私をして疑問をもつ余地のないものと思わせるにいたった。(2) シェイフがとくに好んだのは、哲学的な意味の深い詩だった。それらについて、私は何時間も頭をひねる。そしてまったく無邪気にも諸天使の逸話といったものとか、イスラム関連であることにまちがいない何やかやが語られている、という結論に達する。ついでシェイフがたどたどしいフランス語で注釈をつけにかかる。押韻のすべてに語呂合わせがあること、言葉の半数は最少に見ても二つないし三つのちがう意味をもっていること、したがって詩句はまったく異なる趣旨の、しかもペルシア語からの訳文としての正しさでは同等の、いくつかの英訳が可能であること、などを指摘してくれる。ここにきて、私の頭はくらくらし始める。私は、シェイフ・ハサンが喜々として格闘している難問の錯綜にはついて行けなかった。私としては、詩句を鞘《さや》のように被っている美しさを、恋歌の繊細微妙なリズムを、押韻の反復される快い調べを、そしてリフレーンのみごとな律動を、いくらかでも捉えることができれば充分だった。私はその誇らかなストイシズムを、書いてあるとおりに受けとめ、嘆賞した。私にとっては、女は女、酒は赤い葡萄酒であり、酌人は現れるのが非常に待ち遠しい男だった。薔薇《ばら》と夜鶯《ナイチンゲール》、そよ風と花の咲き乱れる庭園、そのすべてが美しい想像の世界の一部であり、詩人の夢にふさわしい背景だった。

しかし、それは愚の骨頂だったのだ。シェイフ・ハサンの英知の言葉に耳を傾けていたら、私たちが崇高な抽象化のただなかにあること、剛直きわまる倫理性と厳正きわまる禁欲がこの燃えるような詩句のなかで繰り返し説かれていることを覚ったであろう。ところが実際は、私は詩人たち自身を自分の味方に立たせていたのだ。伝承が偽りでなければ、ハーフェズは生涯を楽しんで過ごしたし、テント作り〔前章の割注参照〕の最後の願いは薔薇の園に埋葬されることだった――そこではかぐわしい花びらが彼の頭上にやさしく落ちて、彼がこの世で愛《め》でた逸楽をあの世でも思い出させてくれるはずだった。

このようなこともまた、抽象化だったというのだろうか？

あまり肩のこらない読みものには、シャーの日記[3]を用いた。幼児のごとき単純さから、解釈の余地はただ一つしかありえない著作である。それを充分に読みこなしたわけではないが、作者である王は、物を書くことの常道などには縛られない、と思っていることが分かる程度には読みこんだ。とくに、ある主題から別のものにほとんど息もつかせぬ速さで移るという癖がおありなのだ。

その本は、ほぼこのような調子で始まる。

「シャァバーンの月〔イスラム月の第八月〕に、神は常ならぬ仁慈の目を世界に向けたもうた。作物は畑に背高く伸び、アッラーの御手によりその幸多き民はゆたかな降雨に恵まれた。余は馬にまたがり検分に赴いた……」

とうとう、別離の日が来た。ふかい惜別の思いをこめて、私はペルシアを去ることをシェイフに告げた。

「ああ、そう」と、彼は答えた。「行かれることはほんとうに結構です。健全な人はここにいてはいけません。健全な人の住むところではありませんから」。

私たちは、彼が訪問の希望をたびたび洩らし、私が大歓迎を約束した国、英国で会う計画をいろいろと作りにかかった。私はこれらの計画の実現はできそうもない、とは思う。でも万一彼が来れば、われわれ自身やわれわれのやり方のどのような特色が彼の聡明で観察力のある目の注意を惹くか、それが見られるのは面白いだろう。私は白状する、白いターバンにゆったりした長衣をまとってピカデイリー大通りを歩む彼に会い、あのなつかしい挨拶の言葉——「お嬢様、ご機嫌よくおいでいらっしゃいますか？　神は讃うべきかな！」をもう一度聞くことができれば少なからぬ喜びだ、と。

訳　注

（1）　およそ人の英知に対して……——シーラーズの乙女の愛が得られるなら、その黒いほくろに換えてサマルカンドもブハラも引き渡そう、という名高い叙情詩《ガザル》（ティムールとハーフェズの機知に富んだやりとりの逸話を生んだ）のスタンザの一部。

（2）　ゴルゴンじみた髪型すら……——ハーフェズは、女を讃えて巻き毛の美しさを枚挙の暇なく頻繁に歌っている。著者はフランス語でブクル・ド・シュヴー（boucles de cheveux）と言ったハサンの言葉に、ギリシア神話の毛髪が蛇になってとぐろを巻いた海の女怪、ゴルゴンを連想したというもの（ブクル・ド・シュヴー「毛髪の輪」は

「巻き毛」を意味する言葉の一つで、それ自体は異様な表現ではない)。著者が本書の三年後に出した「ハーフェズ訳詩集」では、「巻き毛」は単にcurlと英訳されており、その第三三歌(黒柳恒男訳・平凡社東洋文庫版『ハーフィズ詩集』では第二一三歌)に著者はつぎの注釈を付けている。「(『ヴェニスの商人』の句を引き西欧にも例のあることとして)愛する女の毛髪がみじめな情人にからみつき、放さないとするのは、ペルシア人の好みのイメージである。女の長い髪は毒蛇に、巻き毛は恋人の心を摑み、引き裂く鉤によくなぞらえられる」。

(3) シャーの日記――ナーセロッディーン・シャーは当時の君主としては文筆のたしなみのある人で、自分で編集した詩集や旅行日記なども公刊された。

11　ペルシア人のもてなし

ラシュト街道，アルボルズ山中の茶店（訳者撮影，1959年４月）

私どもは馬を進めていた。

前の日の夕方にテヘランを発ったときは雨と雹《ひょう》の混ざったあらしで、そのために山々の峰はこの冬初めての雪で被われている。泊まったのはテヘランの市門から十六マイル離れた小さな宿駅(1)——だが分かったのは宿の騒々しいことだ。つまり宵のうちはひっきりなしに大きな物音をたてて旅の者が入ってくるし、朝方にかけてはここで郵送夫が馬を替え、タブリーズに向かって飛び出してゆく。夜の美しさが、ある程度は眠れぬ時を過ごす埋め合わせにはなった。月——私どもの見る最後のペルシアの月——が、澄みきった天に照り、その光の束が遠い山なみに積もったばかりの雪原に輝き、神秘な明るみで宿駅のポーチの地面に列をなして横たわる旅のペルシア人の寝姿を包んでいた。

秋の日の夜明け前に起きて行路を踏み出したまさにそのとき、日の光が山脈の上にほとばしった。先導はアリー・アクバル——ラシュト街道で誰よりも速い騎者、駅馬の良し悪しについてのもっとも確かな目利き、職務怠慢の駅夫どもに吐きかける悪罵の蘊蓄《うんちく》のかたまり、とびきりのピラフの作り手、濃い眉毛の下から噴きだす冴えたユーモアのひらめき——友人、相談相手、庇護者、そしてたまたま私どもの従者でもあった男、それがアリー・アクバルだ［英国公使館の雇員か］。頭には緋色のターバンを巻き、旅の道中では沐浴はしないことを習いとし、ふつうは短く剃っている顎鬚も一行がカスピ海岸に着くころには怖ろしげな大きさを呈し始めていた。

彼の鞍袋［鞍の側面につける貴重品入れ］と大きなポケットは、雑多な品物――ケーキ一個、マーマレードの壺、横線の入った外務省の袋一つ、シチュー鍋一枚、そして刺繍入りのスリッパ一足――で膨らんでいた。スリッパは、察するに私どもとの最上の親愛関係を保ちたいとの思いから、テヘランを出て一、二マイルのうちに雨のなかで作ってお土産にしてくれたものだ。私どもは、彼についていった。うしろには、私どものなけなしの旅行荷物を載せ、何をやらせてもだめな騎馬の駅夫が追う二頭の駄馬がつづく。この三者――駄馬どもと駅夫――が一行の泣きどころで、紛れもないアキレウスの踵《かかと》である。馬を駆る人の後に必ずついてくる、という「どす黒い心配[2]」にあたるものだった。この馬どもは、いったいどういう能力があって石ころで転倒するのか？　この駅夫なるものは、なんという無限の睡眠能力に恵まれているのか！　ゴルディオスの結び目[3]を解くことも、いかに易々たるものだったろう、もしそのロープに、私どもの荷物を結わえる連中を働かせたあの手抜き好みがほんのわずかでもあったなら！

その朝、最初の一行程は結構快適だった。それから、暑気と砂塵が連れだってやってきた。日光――日光！　そのうんざりさせられる、変わりばえせぬ、一本調子なことといったら！　美しい女が衣裳や髪型を――あのペルシアの詩人の歌にある「いつもみずみずしく、いつもあらたに」――変えるように、雲や虹や金いろの靄《もや》によってさまざまに魅力の変わる英国の慎ましやかな日光とは、わけが違う。ここでは太陽が、いとも崇高な人の世を歓ばすことを止めて久しいのだ。

長い、まっすぐな道が続いている。荒れはてた平原が、何マイルも何マイルも遮るものもなく南のほうへひろがる。北には裸岩の山の障壁が立ちはだかる。音はといえば、私どもの乗ってゆく馬の立てるにぶい足音、駆歩《カンター》で行く重い、くたびれた音、そして吸い込んだ息の喘ぎだけ——行程が終わりに近づくにつれ、疲労した馬どもは、砂塵と暑気のなかで駆歩の足を進めるのに不機嫌になる一方だった。


ようやく、遠方の道が下り坂になって湾曲したところに、長いこと求めていた樹立ちが、りっぱな隊商宿《キャラバンセライ》と青タイルのドームの輝く小モスクのまわりにかたまっているのが見えた。それは並みの宿駅ではなく、堂々たる四方形の建物で、シャー・アッバース「サファヴィー朝第五代、在位一五八八―一六二九」の治世にさる信心深い人によって建立されている。モスクは預言者の末裔のある聖者を祀る廟だ。その後ろには土の大きな塚があるが、争乱の時代に築かれたがっしりとした望楼である。その頂上から不安に駆られたキャラバンセライの住人が平野を遠く見渡し、敵襲来の前に早々と市門を閉じることができた……イェンギ・イマーム「テヘランの西方約六七キロ。以下の訳注の数字は当時の道路での里程による」の廟のまわりからいくさは遠のき、しかも青いドームの下でいま高位の聖職を勤めるのは安全確保ではなく無関心なのだ。土盛りの上で昔の見張りの亡霊は、山から殺到する強力なペルシアの盗賊団を見ることはないだろうが、いつの日か、白帽をかぶったロシアの軍隊が、抵抗するものもない埃道を行進してくるのに身震いするかもしれない。

敷石を打つ駅馬の大きな音が真昼の静寂を破る。イェンギ・イマームは、開け放された扉の前の泥塊を通り抜けながら見たところ、まったく荒れはて、顧みる人もなさそうだった。青いタイルの半数はドームから剝げ落ち、注意も払われず取り替えもされていない。貧弱なポプラが日に照らされて震え、育ちのわるい柘榴《ざくろ》の繁みが黄色い秋の落ち葉で地面を蔽い、重たげな赤黒い実が、春に鮮紅色の花が咲き誇っていた代わりをみすぼらしく務めていた。ペルシア人は柘榴を好み、旅の道ではほかのどんな果物よりもこれを賞味する。外国人にとってすら、ぎっしりと宝石のように詰まった多肉質でピンク色をした種は魅力なきにしもあらずだ。もっとも、それは主として想像上の、そして身分を隠した貴公子たちが柘榴のジャムをおいしく食べたという「アラビアン・ナイト」の話の記憶による魅力である。(4) その例に倣おうと思ってはならない、鋼鉄のナイフのエキスで味つけしたような柘榴を口にすれば、身をやつしていたとはいえ公子たちの見方にはまったく信用がおけなくなってしまうから。

幻想を壊すのは悲しい。けれども美しさということなら、春の柘榴の繁みを見たいもの――濃い、あくまでも濃い緑の葉と、火炎の赤さの優美な花びらを翼のようにつけた、果物なみに厚くて多肉の、あざやかな花を咲かせた柘榴の樹の繁みを。

隊商宿《キャラバンセライ》の低い扉をくぐって、中庭のまわりに設けられた馬小屋のひんやりした丸天井の下へ入った。堂々たる廐舎で、日光の矢が明かりになっており、それが降ってくるのは豆ドームのそれぞれに埋めこまれたガラス玉(5)からだ――そして丸天井のむこうはまた丸天井で、埃っぽい光と薄暗がりがかわるがわる際限なく続き、やがて隅のドームに光がちらちらしているところで見えなくなってしまう。

ちかくに、背中がただれ、膝が傷ついてくたびれた駅馬が立っていた。ここちよい香りのする干し草の山と、積み上げた穀物も蓄えられている。ある片隅にはちっぽけなバザールがあり、小麦粉に等量の砂を混ぜて茶色の包装紙ようにつくったものを食べる気があれば、薄っぺらなパンを買うことができよう――また、干し葡萄や干し無花果《いちじく》や、甘くておいしい黒葡萄の房、そして小さなガラスのコップで砂糖がうんと入った薄い、熱いお茶も。この淡い琥珀色の飲物は、灼けつくペルシアの道を旅するものにとっては、禁制の葡萄のジュースの最良のものにも優る楽しみだ。

大きな厩に囲まれているのが方形の庭――植わっているのはすべて果樹だから、むしろ果樹園――で、東方の庭園の様式にしたがって網の目のような細流で丹念に給水され、その水は中央にある遮熱用の屋根をつけた大きな水槽に流れこんでいる。隊商宿の信心深い建立者はりっぱな仕事をしたのだが、彼の念頭にあったのは人の慰謝よりも動物どものそれだった。庭に向かって開いたがらんとした一、二の部屋があり、奥の壁には窓の入っていない、風通しのわるい穴がいくつかと、秣桶《まぐさおけ》の上に一列に並んだ薄暗い凹み――それが、彼がみずからのような人間には充分と考えたものなのだ。高い、ひんやりとした丸天井が続いているところは、疲労した馬と、下げた鈴を鳴らせてくる驟馬のキャラバンのためのものだった。

私どもは驟馬の宮殿で、積み重ねた彼らの干し草をベッドにして手足を伸ばし、充分に満ち足りた気持ちになった。後ろには三十二マイルの道があり、前途にも三十二マイル(6)――真昼の一時間の休息はわるくはなかった。

横になっていると、庭に一人のペルシア人がいるのが見えた。襞のあるフロックコートに、高い縁なしのアストラハンの帽子という姿は、紳士の普通の服装である。帽子のまわりには、道中の防塵用に赤いスカーフを巻いていた。衣服のほかの部分は、砂埃が彼にとってまだ未知数の一つだったかのように、一点の汚れもない。何分間か、こちらを気をつけて見守っていたその男は、向かい側の自分の部屋に私どもを請じ入れる手振りをする。私どもは立ち上がり、鞍の上からの続きで体はまだこわばっていたが、中庭をまわってゆっくり歩いて行った。男の挨拶には、オリエント人にとってはゆるやかな長衣と同じく容易にさまになる、落ちついた、貫禄充分の態度があった。忙しくて息もつけない西洋の生活では、作法も衣裳とともにどうしようもなくなるだろう。そこでは、難事に際し身構えて一瞬立ち止まる間にすら、目を上げたときには競争者の半ばに追い越されてしまっている。オリエントの人は超然としており、なにか見苦しい動きをして衣服の襞が乱れることもない。彼は静止して立ち、結末を待つ。そして一生が終わる。哲人のごとき姿勢をとるつもりならば不動には大いに価値があろうが、それにしても優雅に消え去るのは、人にとっても国家としてもむずかしい仕事だ——この世という輪は、ややもすると死出の旅に赴く足をからませ、死の尊厳を傷つける。

「サラーム・アレイクム！」と新しい友は言った——「御身に平安を！」。そして私どもの手を取り、自分の部屋に案内する。筵《むしろ》が一枚あり、二台の木の寝台架が設けられていた。その一方に私どもを座らせ、ロースト・チキン一羽、玉葱一個、塩少々、丸い球状のチーズ、そして何房かの葡萄を一枚のパンに載せて［偏平で大きなペルシアのパンは皿や盆の代わりにもなる］私どもの前に並べる。私どもがチキンにどう手をつけるのが正しい作法かと戸惑っているのを見て、彼は指で持ち、羽と脚と胸に手際よく取り分け、食べるようにとふたたび合図する。自分にはもう一羽が用意してあり、さっそく彼はそれに取りかかる。私どもも、食べはじめた。ロースト・チキンがこれほどおいしかったことは、いままでにない！

　ほかに見聞きしたことからして、男はたぶん強壮な人だったとは思う。残念なことには――小男だった、だがそんなことにはお構いなく、いままで口にしたなかで最高の昼食を供してくれたことへの感謝の気持ちで、彼を思い出す。十分後には、食事の痕跡は彼が残した鶏の骨と玉葱と葡萄の皮の山だけだった。私どもは席を立ったが、くたびれた駅馬の背であと二行程を行くのも、九月の日の長い午後のこととて何でもないという気になった。

　名も知らぬもてなし役に、私どもはペルシア語のあやしげな丁寧語でたどたどしく別れを告げた――ご好意のおかげで結構なご飯をいただきました。気高い仁慈のお気持ちは身に余るものでございます。ご無事にテヘランへお着きになりますよう、そして神があなた様とともにあられますよう。私どものペルシア語は拙ないとはいえ、感謝の思いは面《おもて》に明らかだった。男はお辞儀し、ほほえみ、そして私どものしもべである彼は、チキンをともに味わってくれたことを光栄に思う、と言い切った。彼が別れの手を差し述べなかったのは、自分と私どものためにナイフとフォークがわりに使ってねばついた指を、まだ洗っていなかったからにすぎない。

さて私どもは馬に乗り、未熟なるわが西洋世界をさして駆け去った。彼も馬に乗り、自分の町へ東進して行った。彼が誰だったか、何を職業としていたか、私どもは永遠に知ることはない——知ろうとも思わない。私どもにとって彼は、歓待の、慇懃の、東方の一つの典型のなつかしい記憶となって残っている。王子であれ軍人であれ、ただの旅人であれ、神よ彼とともにあらんことを！　ホダ・ハーフェズ——神よ、彼の守護者であられんことを！

訳注

(1)　泊まったのは……——当時の道でテヘラン・カズヴィーン間約一六〇キロの間には（砂漠の不規則なキャラバン道は除き）、現在のカラジで分岐して北側を行く馬車道と、離れたところで約二〇キロ南方を通るおもに駅逓用の道があり、両者はカズヴィーンで合流した。著者一行は前者を取ったようだ。最初の宿はシャハバードと思われる。

(2)　「どす黒い心配」——ホラティウス（ローマの詩人、前六五—〇八）の「歌章《オード》」III—一—四〇 "Post equitem sedet atra Cura" (Black Care takes her seat behind the horseman.) より。

(3)　ゴルディオスの結び目——フルギア王ゴルディオスの戦車を繋ぐ固い結び目（ほどき得たものはアジアの王となるとの託宣があった）を、アレクサンドロスが一刀のもとに切断して解いたという故事。

(4)　柘榴のジャムを……——『アラビアン・ナイト』の「大臣ヌールッディーンとシャムスッディーンの物語」（前嶋版第二十一夜以下）の中心テーマをなす一節。鋼鉄のナイフ云々は、柘榴の実が必ずしも甘くはなく、渋味、酸味が強くて口に合わないことをいうものと解される。

(5)　ガラス玉——特殊な杯型のガラス製品もあったようだが、ガラスの空瓶を泥屋根の上から逆さに立てて用いることが多い。下からは丸天井のあちこちに設けたガラス玉入り採光穴に見え、外から見れば屋根の上に瓶底が無数に飛び出ている。

(6) 前途にも三十二マイル——当時のペルシア随一の公道テヘラン—カズヴィーン約百マイル(百六十キロ)は、全体をほぼ十六マイルの間隔で六行程に分け、それぞれに宿駅を置いた。著者はこのカズヴィーン街道を最初は一行程、つぎから半日に二行程ずつ、かなりな速度で進んだことを意味する。

12　半程行一

カズヴィーンの北西，アルボルズ山中の村
(ベンジャミン)

「終わらんとする楽《がく》の音《ね》も、しまい際《ぎわ》ほどこころよい」と、シェイクスピアはいう。(1) ことの終わりにはなごり惜しげに執着するものだが、持つに値するのは始まりだ――新鮮さ、意気ごみ、思いもかけぬ魅惑に満ち溢れた始まり、ヘーラクレースはその力、アタランテーはその快速、ガブリエルならそのもっともらしい約束(2)がものをいうように。だれが何と言おうと、終わりは悲しい。期限が（未実現のものすべてに）ついている可能性などにかかずらっていてはならない、そして最初にわが身に拍車をあてて自分を前に押し出し、そしていま、あらたに躍り出ようと構えている、あの晴れやかな気力を忘れてはならない。

大急ぎで馬を飛ばしていて、始まりの哲理を学ぶ機会に恵まれたのだ。疲れはてた一日の終わりに出発地から三十マイルしか離れていないと知り、前の日にはあっという間に六十マイルを馬の脚の下に踏み越えたのにと思うと、「ああ、あのように行けてさえいたら！」とため息が出る。海までの長い道［当時の道路でテヘランから約二一〇マイル（三四〇キロ）］は、私たちの這うような、疲弊した足どりでは測り得ぬ、際限のない距離に思われた。しかし夜明けとともに、見方は変わっていた。夕暮れに最後の半行程の最後の半ファルサフ［一ファルサフはほぼ六キロ（一定しない）。ここでは一行程は四ファルサフ］に入ったときにどんなにくたびれ、どんなに体がこわばっていても、一夜の休息は、前の一週間を無為に過ごしてでもいたかのように、私どもを送り出してくれることだろう。澄みわたった空、まだ低い位置の太陽の涼しい日ざし、朝の香りのする一杯のおいしいお茶、元気のいい馬、そして前方に延びる長いまっすぐな道——行け、行け！ 慎重に緩速歩《ジョグ》で、また着実な駆歩《カンター》で初めの一行程を踏み出すとき、地球一周でもできると思わない者があろうか。だがやがて日が這い登ってきて、影も靄も消えてしまい、埃が熱砂の道に舞いあがり、馬の速度は落ちる一方——なんと世界は広いこと、なんと四ファルサフの遠いこと！ その先にはもう四ファルサフがあり、さらにまた別のがある、そんなことは考えないほうがまし——神のお許し《インシャーラー》があれば今宵の眠りはどこかで得られよう！

騎馬の二日目は、このようにさまざまに気分の移り変わるなかで過ごす羽目となった。すでに日が高くなったころ、最初の行程の終わりに位置する町［カズヴィーンのこと］に着いた。タイル貼りの門から広い通りに入ってみると、泥造りの家屋の優に半分は、建てた目的を何一つ果たしていないほどのひどい荒れ放題だった。さらに市内に入ってゆくと、道は狭まり人通りは増え——むしろ群れをなしていて、長衣をまとった男や全身を被った女が売ったり買ったり、果物を食べ床屋の前でおしゃべりをし、私どもに道をあけようとして顔をしかめる。

彩色煉瓦の派手な模様の家々に接する、街路樹の植わった広い通りを行った。風呂屋《ハムマーム》の前には、粗末な青いタオルを壁に一列にひろげて干してあった。王族の館の美しい門を過ぎると、青と緑と黄のファイヤンスのアーチの下に樹木と泉水を配した涼しげな庭園が見える。まもなく私どもは、壊れかけた、ちっぽけな宿駅の拱道《アーチウェイ》にある狭い窪みに横になり、新しい馬を頼んだのだが無駄だった。

たまたま来あわせたペルシア人が街路のあちこちに座って葡萄やパンを食べ、素焼きの水差しから喉を潤し、気むずかしい、見入るような顔つきでこちらを眺めていた。だが、私たちが馬のことでなだめすかし、頼みこんでいるのをまったく気にとめるまでもない。私たちが来る前に、わけのわからない郵便物があり、信じられないような数――十七頭だか十八頭だかの馬をさらっていった、と宿駅の主人が言い張る。事実、彼のところには一頭も残っていなかった。この郵便物のことは前にも聞いたことがある――私たちの困苦、不便はなにもかも順送りにそのせいにされていた。郵袋を、それほど異常な重さにしたものは何か、説明できるものは一人もいなかった。しかし思うに、このような邪魔の入ることはペルシアの街道ではめずらしくはない。ともかく宿駅の長は、私どもが彼の言など信用できないだろうが、とあらかじめ言った点ではまちがっていなかった。

とどのつまり、一日のもっとも暑いさかりにふたたび出発した。市門のところで荷馬がホームシックにかかり、壊れかけた畜舎から一歩も動こうとしなくなった。私どもはあきらめて、アリー・アクバルを残して世話させることとし、単独で馬を進めた。ゆっくりと、だが休まずに、はてもなく続く葡萄畑を行き、コレラで新しい墓の列が数多く掘られた、悪臭のただよう埋葬地のわきを通った。さらに休む間もなく、町のまわりに人の住むしるしすらなくなるまで行き、草木のない平坦な荒れ地に入った。烈しい風が巻きおこり、太陽を隠していた嵐雲の渦を山から吹き飛ばした。つぎの半行程を示す小さな町は、まだ気配も見えない。自分の居場所がまったく分からなくなってまわりを見渡し、遠方に村があるのを認めた。狭間を設けた土塀で囲まれ、門の前では子供が遊んでいる。門に馬を乗りつけて、道はこれでいいかと聞く。何ということ！　方角を、間違えていた。知らぬ間に、行くべき道は北へ逸《そ》れていたのだ。骨を折って馬を進めてきた先が、どこの得体も知れぬ町だったかは、神のみぞ知る！　私どもは、荒野にかろうじて見分けられる踏み跡を伝って北へ向かった。

　あらしが襲ってくる寸前に、陽気な顔つきをした青い長衣の行商人に出逢った。男は、行路はあとわずか半時間だと請け合ってくれた。彼もまたアガババ［カズヴィーンの西方約二十五キロ］を目指していたのだ――カズヴィーンの宿駅で、あなた様がたが横になっておられたのを拝見しました。ええ、あとほんの一ファルサフだけです。

　とうとう、風雨のなかをアガババの葡萄畑と樹園に着き、通りがかりにそのがっしりした門楼［市壁の門脇に造られ物見台などを兼ねる］に避難できた。こんな夜にさらに前進するなど問題外と決め、ここで一泊することにした。拱道《アーチウエイ》に集まっておしゃべりをしながら水煙管《カリヤーン》を吸っていた人たちに向かい、ここは誰の持ものかと訊ねてみた。国王《シャー》の執事《ファアッラーシュ》を勤めるハッジ・アブドゥラーの所有だった。私どもはそれとなく、泊めてほしいのだがと言った――ハッジ・アブドゥラーはどこにおいでだろうか。テヘランにいます、と彼らは答えたが、どうしたらいいのかは何も教えてくれない。男たちは水煙管に専念するに委ね、こちらは自分の責任で事を運ぶことにした。馬を下り、お茶と火をもらい、急な階段を昇って二階の部屋《バーラーハーネ》に入った。そこは三部屋続きだった。中央が大きな部屋で、細工はこまかいが破損した木の障子に小さなガラスが入った長く低い窓があって、バルコニーに面している。両隣りは小部屋で、一つはカーペットが敷いてあり、ペルシア人が二人いたが、片方は一隅に胡桃《くるみ》の実を乾燥させるために拡げてあるほかは、まったくのがらんどうだった。私どもはここに落ちついたが、ペルシア人たちはまるきり無頓着で、自分の領分に闖入《ちんにゅう》してきた濡れそぼち、泥まみれの二人の旅人を注意を払う値打ちもないものと扱っていた。

半時間後に、アリー・アクバルが追いついた。荷物はどうなったと訊ねると、両手の指を組み合わせた上に頭を乗せた彼の答えは、馬どもは眠っているはずとのことだ。これまで見てきた馬の習性からして、まことにもっともな説明と思われたので、なぜ起こさなかったかと聞く気にもならない。けれども雄々しいアリー・アクバルは、状況がまずいからとてへこたれるような男ではない。火鉢を借りると、食事を作りにかかった。それを私どもは、熾《おこ》った炭火で濡れた衣服を乾かそうと無駄な試みをして邪魔したのだが、というのも私どものほうがひどくいぶったため、同じ部屋にはいたたまれず、自衛上、火鉢を外へ出さざるをえなかったからだ。

早朝のお茶とケーキのほかには何も口にしていなかったから、私どもの前に夕食が並べられたのは愉悦の瞬間だった。鶏肉と卵と米のご飯（アガババのどこかの住民の夕餉《ゆうげ》からある男がくすねてきた）は、見るからにおいしそうだった。のみならず、当の親切な男――ぼろをまとった騾馬追いで、はげしい旅まわりのせいか、騾馬を追い立てるのに蹴りとばす必要のためにか、脚が異様な大きさになっていた――は、大皿に盛ったおいしい葡萄まで用意してくれていたのである。

館の下僕たちは、残念ながら私どもの友人には入っていない。それに、私どもがハッジ・アブドゥラーの面識を得ることはないだろう。けれども彼の館の屋根が与えてくれた一夜の宿のおかげで、私どもは永久に彼に借りができたのだ。彼のもてなしは、一枚の屋根かぎりでも――私どもは外套を敷いてベッドに、鞍を枕にし、夕食の材料は出かけて徴発してきたのだから――そして、彼の床は固かったけれど、彼の炭はいぶったけれど、彼の胡桃の実は寄りかかった肘を汚したけれど、歓待の「パンと塩」の絆がわれわれの間にあったわけではないけれど、それでもなお、あの未知のメッカ巡礼者《ハッジ》は、聖都メッカよりはるかに遠い国からきた巡礼の私どもには恩人だった。

嵐の秋の夜に憩いをとったあのアガババの門楼で、彼はどんな毎日を送っているのだろうか。王宮での仕事がいやになると、ときには静かな、泥塀で囲まれた自分の村へ逃げてくるのだろうか。夕暮れには、バルコニーに腰を下ろして、実をたわわにつけた果樹を見渡し、水煙管をたしなみ、山羊の群れを追って帰ってくる村人が彼の拱道を――あるいは薪の束を担いでよろめきながらそこを通ってゆくのを、眺めるのだろうか。大きく湾曲して延びる山なみのかなたに日が落ちるとき、将来の、安らかな老境の、そしてなしとげた仕事への心静かな思いが、燃える薪と香ばしい夕食のこころよい匂いとともに湧き起こってくるのではないだろうか。

ああ、これほどの遠国でかくも心やすく思われる、簡素の悦楽があろうとは！　私どもが東と西を繋ぐ人間らしい絆を感じたのは大きな町でのことではなく、宮殿のなかでもない。むしろ私どもは、あの街道筋の寒村でシャーの執事の家の床に横たわって、異国で額に汗して働く人たちとの近縁をみとめたのだ。一晩だけだったけれど、私どももまた彼らの人生を分かち合い、ただ一瞬の洞察で、喜びと悲しみを繋ぐ共通の環が私どもに——異文明と別世界に住む私どもに明らかになったのだ。私どもは横になり風の音に耳をすまし、すこし眠った。けれども防水服はマットレスとしては極上のものとはいえず、わがベッドはこわばるばかりだった。それだけでなく、かの善き巡礼者はそれまでのかなりな間、床の掃除を怠っていたらしく、埃のなかに奇妙な住人が私どものほかに数多くいた。

真夜中に、荷物がわれわれを通り越し、この行程の終わりまで行ってしまったという知らせがあった。一、二時間ののち、私どもは起き、あとを追った。なおも顔に吹きつける身を切るような暴風のなかだった。遅い、欠けかけた月が頭上に明るく照り、ハッジ・アブドゥラーの家の後ろには夜明けの初光が白くひろがっていた。

訳　注

（1）　シェイクスピアはいう——『リチャード二世』II—一より（ガントのジョンのヨーク公への台詞）。坪内訳を一部改変。

（2）　ヘーラクレースは……——ヘーラクレースはゼウスの子で、十二の難行をなしとげた大力無双の英雄。アタランテーは快速の美女で男嫌いだったが、ヒッポメネースとの競走に敗れてその妻になった。ガブリエルは処女マリアに現れ、イエスの生誕を予告した大天使。

13　一筋の馬道

セフィード・ルード左岸，イマームザーデ・ハーシム近辺より上流を見る．前景は田植えのさなかの水田（訳者撮影，1959年４月）

マズレ［カズヴィーンの西北約三四キロ］の宿駅――そこで行き別れの荷物に再会できた――を見たとき、嵐の夜に避難したのがこの屋根ではなく、ハッジ・アブドゥラーの客にやさしい屋根の下だったのは幸いと思った。

ここの汚いことは並み大抵のものでない。土の床には卵の殻や、名状しがたい、ぞっとするようなものが散乱していて、前夜どころではない不快な泊まりを語っている。山裾にあるマズレの村からはすこし離れたところで、その先で道は登りに転じ、峠のあたりを被う靄《もや》のなかに消えていた。

一、二年のうちに、山越えのこの馬道は、過去の物ごとを記録した長い巻物に書き入れられることだろう。ペルシアに入る旅人が、王の大道[1]だった狭い踏み道を登ってくることは、もうあるまい。旅人の乗馬が脚を滑らせて泥水の溜まりに落ちることも、岩塊に打ち当たって鋭い音を立てることもないだろう。ロシア政府がテヘランへの幹線道路を手中に収め、いまでもカスピ海から発してカズヴィーンでペルシアの道路に接続する広い馬車道を建設中なのだ。

しかし、われわれより前に無数の世代の旅人に使われてきたこの馬道にもまた、それならではの魅力がある――いわば山頂から水が引いたばかりのような、文明とは隔絶した地域のまん中を縫って人を通す、このような道のすべてに具わった魅力だ。行く人の両側一フィートに、山は急坂や岩壁をつくってそばだち、さもなければ深い谷や絶壁となって落ちこむ。細い道は、踏み越えてゆくうちに荒漠のなかに消えてしまうようだが、見はるかすと、はっきりと、ゆるぎなく、スキラとカリブディス(2)の間を抜けているのが分かる。

マズレの駅馬は、宿の設備といい勝負だった。アリー・アクバルが宿駅長の父親を永遠の劫火［コーラン（七―三九ほか随所）で説かれる地獄（ジャハンナム＝ゲヘナ）の責め苦の火。「父親」は呪詛の相手の表象］に焼かれてしまえと痛罵するのを聞いているうちに、一時間も経ってしまった。あげくのはてにあてがわれたのは、馬とは名のみで、どこやらそれに似たところがある、といったみじめな動物だった。

ところが山を二、三百ヤードも登ると、荷を満載した数頭の馬を追う男に出逢った。そして実に首尾よく彼をまるめこみ、馬を取り替えるのを承知させたのだ。それからは男のことは成りゆきに委せ、こちらはうきうきと前を急いだ。あの男は、自分の荷物に加えて私たちの馬の骨と皮を双肩に担い、いまなおカズヴィーンをめざして四苦八苦しているにちがいない。

道は山腹をどんどん登ってゆき、まもなく冷たい靄のなかに埋まってしまった。平地の二日間の砂塵と暑熱のあとだけに、ことさら寒く感じられる。靄は、道を登りきったところでまわり一面に深く立ちこめていた。足早に進むと、窪地の上に樹が一本だけ生えているのが目に入る。窪地には、土壁をめぐらせた小さな砦のある村、ハルザーンが冬の風雪をいくらかは凌げるように横たわっていた。

わずか半行程を終えただけだったが、長い苦労をさせた馬にひと息入れさせようと隊商宿《キャラバンセライ》で休止した［この峠の標高二三〇〇メートル］。

キャラバンセライを入ると内部の両側に狭い壇があって、そこに座って水煙管を吹かし、お茶を飲みながら休息や雨宿りに過ごせるようになっているものだ。ハルザーンでは、この壇の煉瓦の上で焚火が気持ちよく燃えていた。それで煮炊きをし体を暖めていた雑多なペルシア人が、私どもの入ってきたのを見て場所をあけ、湯気の立つお茶のコップを渡してくれる。私どもは、ありがたく頂いた。アーチをくぐって、大勢の出入りがある。荷を積んだ驢馬や、青い木綿の服の上に羊皮の外套を羽織った男たちが靄のなかから不意に現れ、おなじく不意にそのなかへ消えてゆく。はぜながら燃える枝木が火明かりをあかあかと放射し、男たち、そして動物どもの素朴な顔と粗末な身なりの上に明滅させていた。

ハルザーンを出て、山腹の斜面に挟まれた道を下った。夏の焦熱で裸になっていたが、春に通ったときは密生した深紅のチューリップが花盛りだったところである。

春と秋の山裾は、遊牧民の黒いテントの屋根と葦を編んだ黄色い壁で一面に被われる。彼らは雪解けとともに羊群を低地の放牧地から山に追い上げ、冬が来ると谷間へ戻る。でも私たちが通ったときには季節は終わっていて、山々にはもう人影も見えなかった。

切り立ったところは滑り落ち、だらだら坂は岩につまずきながら下ってゆくと、太陽が、風や嵐より自分が強いことを見せたがるあの古くさいゲームを演じ始めた。私どもは防水着も上衣も外套もゆるめ、しまいには脱いで鞍の後ろに結わえつけた。でも太陽はどうしても承知しない――蔭ひとつない細道の上に、岩の壁の上に、そして私たちの上に、ますます強烈に照りつける。そのうち後ろのハルザーン峠にまだ漂っている、ひえびえとした靄がなつかしくなってきた。ようやく山の裾に着き、タマリスクの藪で被われた石だらけの河床を渡ると、むこう岸に宿駅があって、その前に何本かの無花果《いちじく》の樹が生えているのが見えた。

ペイチェナール［マズレの北約三二キロ］の宿駅は、結構な休息地とはいいかねる。晩秋の午後というのに、そこは「蠅《はえ》がわんわん集まるところ」なのだ。蠅どもはロースト・チキンを供され、蠅どもはピラフの味見をし、蠅どもは葡萄酒のなかを遊泳し、彼らは小さな部屋中を羽音うるさく飛びまわり、そして石灰を塗った壁を這い登る。忍耐の限度を越えて彼らに悩まされた旅人たちがあらゆる言語で書きたてた、彼らに対する辛辣きわまる文句など、ものともしない。蠅どもは、まったくの文盲なのだ。これら数々の言葉のどれ一つも、彼らに訴えることはない。

蠅を陪食者にして昼食を済ませ、メンジル［ペイチェナールから約二一キロ］をめざして川沿いにふたたび出発した――午後の灼けつく日ざしと夕暮れの刺すような寒気のなかの長丁場を経て、白河《セフィード・ルード》(3)の渓谷にたどり着く。ペルシアの村落のなかで、メンジルは芳しくない名前である。イラン帝国全土を通じてもっとも風の強いところとして、知れわたっているのだ。朝も昼も夜も、泥壁の家のまわりを風がうなりをあげている――そもそも家がともかく立っていられるのは、ただ神の配慮が、家々に好ましい干渉をしつづけているだけのことにちがいない。それにしても、家々は最悪に荒れはてた条件下に建っている。風はオリーヴの林の枝をのこらず一方になびかせ、まるで発育のよくない人の群れが暴風をまともに受けて、髪の毛を後ろに吹き流しているようだ。風はセフィード・ルードの急流を叩き、やがて水は逆流して波となり、橋脚の川下側に打ちつける。村の灯火の点滅が目に入ったときには、世界に備わったあらゆる気候を通りぬけた感じだった。明け方の寒冷帯に始まって午後には赤道を越え、そして地獄《インフエルノ》の第二圏と「止まることなき地獄の颶風《ぐふう》」(4)を通過した夕方の長駆はいうまでもない。

メンジルの手前で低い家並の間に流れる水を跳ねとばしながら渡ったときには、あたりは暗く、そこで遊んでいた子供や、闇のなかからいきなり現れた家路をたどる山羊どもを踏みつけかねない暗さだった。でも道は知っていたので、水から上がり（ペルシアのあんな僻村のことが分かっているとは、とわれながら妙な驚きを覚えないでもなく）、宿駅と電信所のある中通りに入った。行きがけに泊まったことのあるこの宿駅は、宿駅なるものの関するかぎりは結構快適——一応の贅沢品すら備わっていた、木のテーブルといくつかの椅子まであったのだから。

着いたとき、そこにいたのはロシア人の一家族だった。両親と大勢の子供で、エンゼリー〔カスピ海の南西岸、ロシア航路の海港、漁港〕へ行く道中である。もっとも、この人たちが私どもにとって迷惑だったわけではない。自分たちは一部屋で充分だったらしく、あとの二室を当方に譲ってくれた。一家は私たちより数日前にテヘランを発ったが、女子供が並足《フットペース》の速度だったので、ごくゆっくりと移動していたのだ。彼女たちは騾馬の背中に振り分けに吊るした覆いつきの駕籠《パニエ》か、箱型の輿《こし》［タフトラワーンと称し、前後二頭の騾馬が運ぶ］で運ばれていたが、これは山や谷を越えるときに中の人を揺さぶってまずは足元から跳ねあげ、ついで頭から転倒させるから、あの調子ではどんなに落ちついた性分でも平気でいられるわけはない。

電信所へ行って来電を受け取り、発信し、人間の世界にまた触れることのできた機会をうれしく思った。電信係のペルシア人は感じのいい男で、頼信紙を渡すとお茶をご馳走してくれる。事務室はまわりにカーテンが掛かっていて、その後ろからは抑えた声ではずんでいるおしゃべりと笑いが聞こえる。ときにはカーテンの襞の間から女たちの好奇に満ちた笑顔がちらちら見えた。お茶もいただき、笑う女もおり、係員との話もあったりで、電報の発信はメンジルでの愉快な気晴らしだった。

翌日、通りに下りると、私どもの用人がヨーロッパ人の男をさんざん罵っているところだった。相手は、私どもの新しい馬に鞍を置くのをふてくされた様子で見ている。もめごとのもとを訊ねると、アリー・アクバルの言うには、男――オーストリア人の商人――が宿駅の者に金をつかませて私どもが眠っているうちに馬を盗もうとしたのだ。

「それで、汽船《パラホッド》［「（帆船・ガレー船に対する）蒸気船」の意のロシア語。エンゼリー・バクー航路のロシア船］のところまでいらっしゃるおつもりなら」とアリー・アクバルは言う、「アッラーのみぞ知りたまう、だってお嬢様がたがお乗りになれるような馬なんて、ほかにいないのですから！」。

厩舎はこのところ馬不足だったにちがいない。ただ、この「お嬢様がた」には、馬の問題で批判精神をおおいに発揮する習慣はなかった。

「あの人もパラホッドをつかまえる気なのかしら」と、半分同情して聞いてみた。

「あいつは犬野郎［イスラムで不浄の動物とされる犬は、しばしば罵倒語に使われる］です！」と、ぶっきらぼうにアリー・アクバルは答えたが、それで一件は穏当に収束したものと思われた。

オーストリア人の男は汽船に姿をみせなかった。当方の馬で乗り逃げるのにしくじってから、駅馬を手当できなかったのだ、と私どもは話し合ったことだった。

午前中はずっと、セフィード・ルードの流れに沿って石の多い細道に馬を進めた。メンジルの架橋点では川は並外れてあらあらしく、そして美しい様相を呈していた。橋の下流の深い、草木のない渓谷は、上流では幅のある広がりとなって峨々《がが》たる山脈に接し、さらに上手では狭まって、厚い雲が青ずんだ嶺にかかるところに達する。荒れはてた谷を吹き抜ける風は、泡立つ水流に頑丈な脚をしっかりと下ろした橋にのみ行く手を阻まれ、嵐雲にあたって恨みを晴らす。風は思うままに雲を集めては撒き散らし、切り裂いて前方へさか落としに追い立て、ために谷はやがて雲の黒い影とその合間にさんさんと射す日光でまだらに彩られる。

私どもはルードバールという小さな集落［セフィード・ルード左岸、地中海性気候でイラン唯一のオリーヴ産地として知られる］を通り過ぎた。川のほとりにあって、豊かなオリーヴの木立にかこまれたところだった。趣味のいい装飾感覚のある住民がいるらしく、赤い線と五指を拡げた手を無造作に描いて並べた連続模様で家屋を被っている。それは預言者の手を表していて、飾りだけでなく邪悪に対するお守りでもある。[5]困難をきわめたのは、荷物を載せた騾馬どもを、開け放した扉や細い横道の奥に何があるのかと知りたがる好奇心の満たされぬまま、素通りさせることだった。騾馬は熱烈な探検者の資質をすべて具えていて、私たちが目を放すととたんに家の中庭に入りこみ、貧民の住む通りに姿を消してしまう。するとアリー・アクバルがトルコマン族の鞭を頭上に振り廻し、あちこち叩きつつ大声で悪態をつきながらあとを追う。

村人はオリーヴの収穫に集まっていた。私どもは声をかけて、実をいくつか投げてもらった。でもやってみて分かったのは、自然《オ・ナチュレル》のままのオリーヴは美味しくない、ということだった。

お昼前に丘陵の中腹にあるロスタマバード［メンジルの北約二八キロ］の宿駅に着く。前の台上から流域を見渡すと、対岸の山を被っているのは――森林だった！　湿気を含んだ、かぐわしい緑の森、起伏に富んだ地面に密生した樹木、樹木――長い、何カ月もの間、不毛の砂漠と砂塵と岩石しか見ていない目にとっては、味わったこともないすばらしいよろこび！

昼食をとり、馬を替え（一抹の惜別の思いとともに、というのはアリー・アクバルの賢明さが証明されて、マンジルで雇った馬は生気と活力に満ちたとびきりで、変わり映えせぬよろよろの三本足どもの連続を気持ちよく断ち切ってくれたからだ）、そして実りゆたかなギーラーン［カスピ海南西岸、ロシアのアゼルバイジャンに接する地方」へ飛びこんで行った。ああ、いたるところ苔と羊歯類《しだ》に被われた、こころよい森の小道、木の葉の湿りを帯びた甘い匂い、絡みあった枝を通ってくる穏やかな陽光、そしてはねかえる水の音！目を上げれば、見えるのはセフィード・ルードと、その向こうにさらに、そしてまだまだつづく森林のみだった。

　丘陵の下で数分間の休みをとり、イマームザーデ・ハーシムの隊商宿でお茶を飲む。われらの親愛なる馬道はここで終わり、前方にはぬかるんだ道路がラシュト「ギーラーンの主邑、エンゼリーはその外港」とカスピ海へ続いていた。元気を回復して出発し、最後の宿駅までの四、五マイルを緩駆歩《ジェントル・カンター》で通りぬけた。道の両側は、ところどころに藺草《いぐさ》で埋まった沼のある凋密な植生が壁をなし、あちこちに残る小さな空閑地が押し寄せる密林をかろうじて食いとめていた。植物のゆたかな生命が草木の茎や幹の一本一本を苔と羊歯で被いつくし、小さな家そのものも、瓢簞《ひょうたん》が壁を這い昇り屋根一面に実を結び、広い葉を茂らせていて、それになかば隠れてしまっている。なんとも好ましいのは、ギーラーン独特の木造家屋だ。家の後側を、そのために一、二フィートほど地面を譲ることを余儀なくされている森のなかに据え、木の幹を粗っぽく仕上げただけの柱が支えるベランダをもち、（その夜私たちが通ったときのように）真っ赤な火明かりが扉や隙間や壁の割れ目から洩れてきて、あたりには薪の燃えるいい匂いが立ちのぼっていた。しかし、湿気の多い気候によって住民は疾病という印を押されている——血色がわるく頰はこけ、黒い目が痩せた顔にひときわ大きく見えて、熱をもって光っている。貧弱な体がマラリアで衰え、その熱で慄えているこの人たちは、若くして死んでゆく。

クドームというところ［ラシュトの手前約二六キロ］の宿駅があったのは狭い開墾地で、蛙のすみかの池がまわりを囲んでいる。そこはなんとか気持ちよく過ごせるところだった。春に通ったとき、垂木《たるき》に巣をつくって、さえずりと羽ばたきで朝もうんと早い時間に私どもを悩ませた雀どもは、毛の生え揃った雛を連れてどこかへ行ってしまっていた。

ところが、用意された部屋の一つは雀よりも大物の誰かのものだったらしい。彼のベッドは何もかも整っていたし、卓子の上にはその筆記用具が葦ペンもインク壺も何枚かの紙とともに散らばっていた。私どもがこんなに造作もなく占領してしまった部屋の主は誰だったのかと訊ねると、宿の男の一人が事もなげに答えたのはこうだ――「ああ、ナーエブの部屋というだけのことです」。ところでナーエブとは「代理」の意で、また国王《シャー》の第三子、最高軍司令官の称号[6]でもある。このときのナーエブが誰であったかは確かめずじまいだったが、夜おそくにベッドのまわりをぼろをまとった兵士が足を踏みならしているのが私どもの目に浮かんだ――あるいはまた、縁取りしたダイヤモンドがきらめくシャーの肖像を胸につけた副摂政殿下《ナーエブエッサルタネ》が、憤りをあらわにして自分のために用意してあった部屋を明け渡せと命ずる姿とか、目を覚ますと、もうすこし控えめな、どこかの「代理」がテーブルに向かって腰を下ろして、葦ペンをせっせと走らせて私どもの厚かましさの苦情を政府に訴える文を書いていたとか。

しかし私どもは、だれにも邪魔されることはなかった。例外は鎮めようもない子守歌を私どもの耳にがなりたてる蛙と、真夜中に通ってゆく駱駝のキャラバンの鈴の音――それは靄のなかから影のように不気味に迫ってきて、また靄のなかへ消えてゆく音も立てない幽霊のような足どりの、いつ果てるとも知れぬ列だった。

翌朝起きると、馬上の旅も終わったという安堵がこみ上げてきた。これを仕納めに、私たちは駄馬の背に荷物が結わえられるのを見た。そして使い古した駅伝馬車に乗りこむと、はげしく揺られながらラシュトの赤い屋根［ほかと異なり雨の多いラシュトの民家の屋根は赤い瓦葺きが目立つ］と町への道を急いだ。

訳注

（1）王の大道——道路建設の際に国庫の資金を用いる場合は、富裕な個人が自己の便宜のために私費を投ずる場合と区別して「シャーの道路」と称した。古代ペルシアの都スサと地中海を結ぶ「王道」とは無関係。

（2）スキラとカリブディスの間——シチリアのメッシーナ海峡沖にある岩礁スキラと大渦巻カリブディスの間の（ような）難所。ギリシア神話の、船を呑みこむ妖精の変じた海の女怪スキュラとカリューブディスにちなむ。

（3）白　河《セフィード・ルード》——アルボルズ山脈から出て西のギズィルウズン（紅河）と東のシャールード（王河）を集め、エンゼリーの東でカスピ海に注ぐ大河。遠望すればまっ白に見える。

（4）地獄の第二圏と……——第七章訳注2参照。第二圏には、邪淫の罪を犯した者が、止むことのない烈風に煽られて漂うとされる。引用イタリア語原文“Bufera infernal che mai non resta”は『神曲』地獄篇第五歌より。

（5）邪悪に対するお守り……——「ファーティマの手」と呼ばれる護符。預言者ムハンマドの娘で、後のシーア派初代イマーム・アリーの妻となったファーティマへの讃仰とともに、とくにシーア派でその手（預言者のではなく）が厄除けに用いられた。

（6）ナーエブとは……――　ナーエブエッサルタネ（副摂政）。シャーの平民出の妻による第三子で名はカムラーン・ミールザー（一八五五―一九二七）。当時はテヘランにあって軍と憲兵を掌握し、強大な権限をもっていた。カージャール朝の崩壊後は逼塞して死去。第四章の挿し絵に使ったのは全盛時代の彼の別宅「カムラーニエ」。

14　二つの離宮

エンゼリーにあった離宮の塔屋（ベンジャミン）

あの思いつきのいいシャハラザード〔「アラビアン・ナイト」の語り手〕が、シャハリヤール王の眠られぬ時を巧妙に織りあげた物語で慰めてから、長い、長い年月が過ぎ去った。

それがいまでも私たちにとってわれわれを忘れさせ、おもしろいことは、彼女の唇から初めて洩れたときに王にとってそうだったのと変わらない。あの胸のときめく何冊もの本は、いまなお幾世代もの英国の子供たちを枕の上に捉えて眠らせず、いまもなお、神秘と驚異の妖しい魅力を見も知らぬ東方に初めて感じさせる。私たちはごく幼いときに読んだことの光に照らして、破天荒で魔術的な可能性に満ちたお伽の世界を見るように、かの異界を眺めやる。閉じこめられたイフリートや言われたことをよく聞くジン、不幸な王女や運のいい漁師、などがそれぞれの持ち場にすんなりと納まっているのは、われわれの場合の警察官や運転手や女弁士や株式取引所会員などと変わらない。鉄道列車のかわりに空飛ぶカーペット〔バートン版補遺に採録の「アハメッド王子と妖精ペリ・バヌーの物語」〕が彼らを待っているし、片目がつぶれた遊行僧《カランダル》は、まるでクラウン・ホテルにでも飛びこむような具合に三人の美女の館にやすやすと一夜の宿を見いだす〔前嶋版第十夜以下「荷担ぎやと三人の娘の物語」〕。

しかし、思いもよらぬことに対して、理屈の上では覚悟ができている人でも、実際にそのただ中に置かれれば、多少の戸惑いの気持ちが起こるのはやむを得ないだろう。というのは、昔に比べれば理にかなったいまの世においてすら、東方は昔の技《わざ》をよく覚えていて、あらゆる魔術の根源にあるのは意外性だということを知っているからだ。なるほど瓶詰めの魔法使い［第九章割注参照］は品切れのようだし、カーペットも大抵は移動能力を失っている――いまや旅する人はもっとありきたりの進行方式に頼るにちがいない。しかし彼らにしても、宮殿の屋根の下へ逃げこむといった子供のころのならわしに従うくらいのことは承知しないと、ときによっては往生するだろう。

　近代的な制度の理解がまだ充分でないのか、あるいはペルシアの街道では文明の足どりが緩慢なのか――いずれにせよ、英国の山荘の窓べりに掛かっているような宿泊歓迎の看板を捜したところで無駄だし、もし泥小屋の集落が駅馬の足で踏み固められた道から少しでも離れていたら、一夜の宿として最低の居心地のものすらお目にはかかれない。

　幸いなことに、宿屋のほとんどないこの国にありながら、宮殿のほうは数多い。帝王の客あしらいが申し分ないならば、なんとか安んじていられるというものだ。けれども、奢侈を望んだところでこちらのものにはならない。宮殿もまた、お伽話の時代からは一変している。いまはがらんどうで、家具調度もなく放置され、薔薇《ばら》の花園は荒れはて、壁の漆喰《しっくい》は剝げ落ち、国王《シャー》ご自身ですら離宮を訪れるときには日用品持参でなければならない。したがって食事をするなら自分の鶏を、眠るつもりなら自分の寝台を持ちこみ、そして埃だらけの部屋の掃除のために召使いを前もって送っておくべし、なのだ。

ある暑い夕方に私どもが馬で行ったのは、テヘランの東北二十マイルにあるアフチェ[1]の離宮だった。道は日に灼かれた平原を横切り、峠を越える。その頂上から見おろしたのは高地を縫う長い谷だった。谷間を川が流れていて樹木と小麦畑の一筋の帯に生気を与え、両側にはシャーのお気に入りの猟場である禿げ山がそそり立っている。川岸に、感じのいいベランダのついた茶店があった。屋根は緑の枝で葺いてあり、その下に一団のペルシア人が座って、眠気をさそう暖かいたそがれのなかで、噺家《はなしか》が冒険物語のようなものを熱をこめて語るのを気のなさそうな様子で聞いていた。ベランダはオレアンダーの木立で道から遮られ、そのピンクの花が、青い長衣の百姓の群れを前に精妙な日本風の背景をつくっている。茶店の向こうで川に橋が架かっているが、けわしいつづら折りの道を下りてくる馬車(馬車が通るとして)は下の流れにまっ逆さまに落ちることはまず必至――それほど手際よく、アーチ型の橋は対岸の山に嵌めこまれていた。谷を進んでゆくうちに日が暮れた。月が昇って山腹は一面の光の海と化し、山あいを底の知れぬ、この上なく神秘的な闇で満たす。並足で一、二時間、馬を進めたのち、めざすアフチェの村に着いた。

離宮の内庭では夜の支度がもう始まっていた。一隅では木炭の火鉢が真っ赤になって、コックがその上で夕食をつくるのに忙しい。中央にはテーブルが設けられ、もっとも奥の壁の影でまばゆいばかりの月明かりが届かないところに、キャンプ用のベッドが一列に並べてある。無数の空き部屋を自由に使えたのだが、害虫がはびこっているといわれて、野天で寝るという、より賢明な途を選んだのだ。さいわいその夜は暑く晴天で、内庭は調理場と食堂と寝室の役目をはたすのに充分な広さだった。

こうして、私どもは床についた。けれどもオリエントの夜は睡眠用にあるわけではない。村の動物たちもこの信念を共有していて、すぐの隣人である馬どもは、あちこち動いては繋いだ綱をもどかしげに引っ張って離そうとする。石の多い道を馬で下りてくる旅の者があれば、狂ったように吠える犬の声で迎えられる。その犬たちは、旅人の足音がとっくに消えてしまったあとも発作的に吠えつづけることを義務と心得ている。そして猫が人目を盗んでベッドのまわりを這い、柔らかそうな私どもの毛布のことを（羨しくないわけではなさそうに）思っている。

眠るには、あたりは明るすぎた。月明は天空に溢れ、壁の影の切れるところでは瞼を閉じていても強烈な光が射しこむ。世界は眠るには美しすぎたのである。それは人を呼び出しては、凝視し、驚異の思いにひたり、渓流の快いせせらぎやポプラの葉のさやぎに耳を傾けることを、また、格子窓から月の光がまだらに入ってくる離宮の空き部屋をさまよい、一切をあらわにしながらも手入れ不足や腐朽は人に見せない、まどわしの光を浴びた段状の庭を眺めることを、求めていた。また村人がとぎれがちの眠りをむさぼり、吐息を洩らし祈りの言葉を呟きながら寝返りをうち、あるいはもう少し平らな寝床はないものかと身を起こす泥屋根のかすかな輝きを、さらには南のほうへ延びてゆくおぼろげな山なみすらも、目をこらして見やることを求めているのだった。

アフチェには、オリエントの夜の魅惑のすべてが溢れていた――もしシャハラザードが、開け放した窓辺に一度でも主君を誘っていたなら、ゆたかな想像力を羽ばたかせるにもさぞかし骨を折らずにすんだのではないだろうか。

あくる朝、未明に月が落ちて闇が世界を蔽った。空はようやく姿を見せた星宿で満たされたが、その光は天の深みに失われ、夜が地球を支配するに委ねていた。そよ風が庭のポプラの繁みを通って揺れたかと思うと、そろそろ出かけるべきときだ、もし日中の猛暑に襲われる前につぎの峠まで行くつもりなら、と告げる。私どもは暗闇のなかで早朝のお茶をいただくと、騾馬に荷を積み馬に鞍を置くのが終わるまで、厩の役目をつとめている木立の下で待っていた。待っているうちに、突如として日輪が山の上に躍り出た。世界に目覚めを命ずる燦然たる布告者だった。

屋上の人たちは頭をあげ、夜の終わりを知った。馬に乗り村の通りを下ってゆくと、人々は起きて寝床を丸めており、私たちが谷に達するころには戸口の石段で朝食をとっていた。星の煌めきは、夜がしらじらと明けてゆくなかで薄らいでしまっている。山の水で潤された草地では遊牧民の一家族がキャンプをたたみ終えて、この日の旅の途につこうとしていた。山越えの道——せいぜい岩の階段といった程度の——は、石炭（黒い石、と私どもの下僕は言う）を積んだ騾馬の列で塞がれている。騾馬追いのかけ声があたりにひびく。ひんやりとした日かげを登って行くと、太陽が山頂を射て、そこを純金に化せしめた。オリエントでは日は足が速く、人は朝まだきに外に出る。峠の道なかばで立ち止まり、昨夜の宿地を振り返ったが、岩肩に隠れて見えなかった。私どもが去るに際して携えていったのは、月に照らされた内庭と庭園の神秘な美しさの印象のみだった。

秋が訪れ、そしてほぼ終わりかけたころに、私どもはふたたび国王《シャー》の客人となった。ペルシアでの最後の二夜を――その一つはこちらから望んで、片方はやむを得ずして――シャーの屋根の下で過ごしたのだ。

この、もう一つの離宮のあるのは、オレンジ林のまん中だった。カスピ海の水が塀のまわりに打ち寄せ、そのバルコニーの前まで樹木の密生したギーラーンの山が延びてきていた。

私どもをバクーまで乗せてゆくロシアの汽船（ペルシア籍の船は、この内海の航行を認められていない）は、客を拾うためにその早朝にエンゼリーに入港するはずだった。私どもは、早めに支度を済ませておくため前夜はここで過ごすように言われていた。それで、ラシュトと海との間にひろがる、植物のからみあった大塊のような湿った平地に馬車を走らせた。ついで半裸の水夫の漕ぐ舟で長い水路を運ばれて潟を渡り、夕方に村のある岬(2)に着いた。そのまま離宮に案内されて、百日草や遅咲きの庚申《こうしん》薔薇《ばら》が縁を飾る苔むした庭の小径を下ってゆくと、来たのは二階建ての館だった。奥行きのあるベランダがあり赤瓦の屋根がオレンジの樹林の上に浮かんでいる。階段を昇りきると、無数の部屋が連なっていた。大抵はごく小さくてベランダに向かって窓が開いている――だがすべて無人で、万事荒れはてていた。私どもは続きの間がある部屋を選び、ベッドを置き、木のテーブルを食事用の部屋に引きずりこんで落ちついた。隣室にはアリー・アクバルがキチンを構えていて、彼が夕食用に鶏をローストし米飯を温めている間、私どもは腰を掛け、お腹を空かせて待っていた。

まもなく人影が入口を覆ったと思うと、ベランダから入ってきたのはペルシアの将軍である。古びた軍服を着て、胸には下級の勲章をつけ「太陽と獅子章」「ペルシアの国章」をペルシア帽《コラー》に留めている。彼はお辞儀をし、ついで丁重に、私どもとは面識があると述べた。一瞬とまどったが、ペルシアに着いた日に挨拶に来た断食中の役人の見覚えがあった。ちょうどラマザーン月「イスラム暦第九月の断食月。新月の昇るのを確認して終わる。この年は四月二十八日」が終わったときで、いまにも新月が見えると期待するあまり、彼は夜明け前の食べおきをしっかりとしていなかった。どういうわけかは知らないが、その夜には月は見られず、日中になっても彼はまだ断食を強いられていたのだ。私どもが干潟を渡る間、まるまる二時間というもの、彼は苦しい沈黙の内に腰を下ろしていた。ところが水路の岸で休んでいたとき、叫ぶ者があって、実は月の出の信号が出ていたと告げた。驚喜した彼は慌てて舟を跳び出し、長らくお預けだった朝食をとりにすっとんで行ったが、戻ってきたときは笑みを浮かべ満ち足りた様子だったから、満腹したのはまちがいない。

離宮の私どもの敷居に立っているこの紳士が、彼だったのだ。私どもは無数の空き部屋の一つから木の椅子をもってくると、彼と同行の友人を招き入れた。二人は私どもの向かいに腰を下ろして両手を組み合わせていたが、こちらも座って彼らを眺め、どのようにもてなせば喜んでくれるだろうと思った。ちょっと沈黙があったのち、思いきって天候などのありきたりのことを述べてみたら、相手は丁寧な同意を表したものの、それで会話がはずむわけでもない。私どもはエンゼリーの状況について二人に質問した——住民の仕事はなにかとか生活ぶりとか、最後に岬の住民数はどのくらいか、など。

ここにいたってわが友なる軍人は、沈思に入った。最新の正確な数字を教えてくれそうだ、と私ども同士で話したほど、時間がかかった。とうとう彼は細かな数字を思いだしたように満足げな様子で目を上げ、こう答えた、「ヘイリー！」――「うんとたくさん！」。

質問が、彼を当惑させたのも無理はない。村の規模をいうのに事実だけに頼るヨーロッパ式のやり方は、彼のペルシア風の頭脳に登場したためしはなかったのだ。人口何人？　なんだって？　彼にとっては、魚を捕り、キャヴィアをとり、バザールで売り、そしてオレンジ畑の世話をするのに充分な人数――だから、ヘイリー、うんとたくさん、でいいのだ。

面談は私どもの用人が湯気の立つ皿をもって現れたときにお開きになった。二人の客は席を立ち、私どもには休息と気分転換が必要だろうからお暇をしよう、というとお辞儀をして出て行った。

小離宮のまわりには、東洋と西洋のまざりあった不思議な風合いの空気が立ちこめていた。眠ったのはがらんとしたペルシア風の部屋で、実をたわわにつけたオレンジの枝がベランダに伸びており、上に掛けてある葦の日除けを通してオリエントの夜の柔らかな空気がかすかな音とともに入ってくる。だが爽快な海の香りも、物憂いオリエントの雰囲気と一緒になっていた。庭の塀の向こうでは、多くの異国への公道、ひろびろとしたカスピ海に月が照り、夜のしじまを乱すものは船の汽笛である。それはエンゼリーでさえ、私どもが急行してめざすもっと往来のはげしい海の、もっと大きな港の一つでもあるかのようだった。

急行する？　なさけないこと！　まだペルシアにいることを忘れていた。朝になっても、船は入港していない。波止場へ行って、いつごろ到着するかを役人に訊ねてみた。だが彼らは、私どものせっかちぶりに無言の驚きをみせて肩をすくめるだけだった。汽船を差し向けるというアッラーの思し召しがいつのことかなど、どうして彼らが知り得よう。

私どもは漫然とオレンジ畑を逍遥し、芝生と、何も植わっていない花壇が配置された広い庭に入った。エリザベス朝の庭師あたりが設計し――そしてオリエント人の仕上げに委ねたかのようなところだった。秋の日の快いわびしさがその一帯を蔽っているが、秋といっても、私たちの見慣れたそれとは異なる。ここでは、夏の太陽で灼かれた草にふたたび新鮮さを、薔薇に二度目の生気をもたらすのだ。「葉を失うこともなければ、春に別れを告げることもない」(3)オレンジの緑の枝に、果実が鈴なりについているのはほとんど驚きだった。庭の奥に塔があったので、その鏡の間に登り、バルコニーから船の気配でも見えはせぬかとカスピ海を捜してみた。だが何一つ見えなかった。やけになってバザールへ押しかけ、魚と鶏、蜂蜜と干し無花果を買いこむと、それですばらしい朝食にした。

一日中、私どもは待ち通して過ごした。エンゼリーの「多数の」住民がどう頭をしぼって時間をつぶしていたのかは、いまなお解き得ぬ謎である。水場としては、ここはお薦めできない。潮の干満のない海は、村の塵芥をすべて砂浜に残して腐らせるままだからだ。彼らにとって、午後と夕べのほとんどを寝て過ごすのは退屈しのぎではあるだろう。それは、私どもにとってもそうだった。でも細い岬での彼らの一生が羨むべきものではなさそうだ――待ちわびた船の汽笛で呼び出されて、明け方にオレンジ畑のなかを急ぎながらそう思った。

こうして、私どもはカスピ海を渡り、離れ去った。眠ったような小さな村は、潟を蔽い、守護山脈をつつむ靄のかなたに消えていった――私どもの視界から色失せ、色薄らいで、やがてはシャーの離宮も見えなくなった。私どもの心からも色褪せ、色薄らいで、おぼろげな記憶とつかの間の思いの靄のなかに沈んでいった。

訳注

（1）アフチェ――ラール渓谷を見おろす非常に険阻な峠越しにある。峠の標高約三九〇〇メートル。ここの体験は第七章に述べられた場面へ続くものと見られる。

（2）村のある岬――内陸の町ラシュトの北方に、海に延びた堰堤のような細い岬に囲まれてモルダブ（死の水）と称する浅い潟があり、エンゼリーはその岬の先端にある（遠浅のため当時は港湾の設備もなく、簡単な税関と離宮のある村にすぎなかった）。ここで著者は「半島」（peninsula）と言っているが、実態からみて狭小な「砂州」、ないしは「岬」とするのが妥当と思われる。

（3）塔があったので――シャーの夏の遊興用に造られた五層の楼閣。鏡、色タイル、ステンドグラスなどで飾りたててあったらしい。著者の十年前に上陸してここに案内されたベンジャミンは、「南京の陶器製の塔（の置物）」と形容した（ベンジャミン p. 24）。

資料

クローマー卿への書信

ガートルード・ベルの中東に寄せる思念がまとまった形で述べられた文章は多くないが、ここに掲げるのはその一つであろうかと思われる。これは、クローマー卿への書信という形で書かれた、メソポタミア、アナトリアの考古紀行「ムラトのあとはムラト」(*Amurath to Amurath*, 1911) 冒頭の自序である。クローマー伯イヴリン・ベァリング(一八四一—一九一七)は、英国が保護国化したエジプトに長期間(一八八三—一九〇七)総領事の名目で事実上の総督として君臨し、破綻した行財政を再建した有能な植民地経営者で、ガートルードとは強い信頼関係があった。この文章は、短い上に内容的にやや混雑の観があるが、ガートルードが終生中東に抱いていたロマンティシズムと、トルコ問題への見方が読みとれて興味深い。彼女はかねてドイツのトルコ接近を警戒し、クリミア戦争、露土戦争以来の関係を踏まえたトルコにおける英国の復権を念願していた。その希望を現実は裏切っただけでなく、トルコを敵とする大戦が著者自身の後半生を決めることになったのは皮肉というほかはない。

(訳者)

クローマー卿みもとに

ユーフラテスのほとりをゆっくりと辿ってオリエントの旅を続けていますと、夜、テントの入口に座って思うことがときどきありました——出くわした数々の体験を整理してまとめておくことはできないだろうか、と。そしてあのゆったりした時が流れるなかで、まわりの荒れ野の静寂が、川の水音と、世話になっている遊牧民の焚き火のあたりに聞こえる太古のものと変わらぬ物音で破られるどころか、むしろ深まるにつれ、果たすべき仕事の中身はひろがって、周囲に応じた形をとり始めるのです。

崩れ落ちた壁やなかば埋まってしまった堀、そして行路に無数に散らばる過ぎ去った文化のなごりが地表に刻んだ物語を、跡づけてみたいというだけではありません。私は、さまざまな帝国の興亡の場であった無人の地を受け継いでいる人たちの日常や言葉を、記録にとどめようとしたのです。ところが、心は遮るものもなく広大な砂漠の全域をさまよい、考えは流れる水のように淀みなく湧き出てくる、そのようなところにいながら——そこにいながら、私はこの企てを実行することの難しさに思いいたりました。そして、小著の第一ページに尊名を記してお力添えを祈ろうという望みを持ったのもまた、そこでのことだったのです。

閣下には――と、私は自分に言い聞かせました――仕事の出来上がりが予定を大きく遅れても、私の意とするところはお分かりいただけるでしょう。閣下には、ご覧にはなっておられなくてもこの景観――閣下の、ナイルの国の場合と同じく、人の活力の向かう道筋を決めてきた川と荒れ野――は、おなじみのものと存じます。また閣下は東方について深い経験をお持ちで、その歴史の一貫した連続性を考慮に入れることもご承知でおられます。征服者と踵《きびす》を接して征服者が続き、国家は瓦解し都市は崩壊して塵と化すものの、人類生存の条件は変わることなく、否応もなく新しい時代を古いそれに似せて形づくってきました。「ムラトのあとはムラト」(1)であり、同じ話が繰り返して語られるのです。

過去と現在がきわめて密に織り合わされているところでは、時の区分を慣習にしたがって認識することはいつのまにか脳裏を離れております。昨日起こったベドウィンの襲撃と、シャルマネーゼル(2)の遠征が同一平面に並ぶのです。そもそも、両者の間にどのような本質的差異がありましょうか。ただ、古代の名声の反響は、現代の業績を語る声よりもはなやかに人の耳には聞こえるだけです。ユーフラテスの岸辺には、危急を知らせる亡霊の呼び声がこだまし、メソポタミアの砂漠はまぼろしの軍勢の噂で満ちております。そこを私が「幻影を、形あるものと受けとって(3)」通りぬけたとしても、閣下はお咎めにはなりますまい。

しかも、ある新しい声が聞こえました。この荒れはてた地域が目撃してきた激動の諸世紀のすべてを通じてまさに初めて、力強い一つの言葉がひろまっていたのです。それを聞いた人は不審げに耳をそばだて、意味の説明を求めておたがいに訊ね合っています。自由《リバティ》――自由とは何のことか、と［*Amurath to Amurath*, p. 42, p. 52などに詳述］。思うに、人をおおいに困惑させつつ黒いテントの集団をかけめぐった疑問は、かつてその栄光で平原をくまなく覆いつくしたスルタンの大天幕[4]でも、いい解答を得られなかったはずです。ベドウィンの唇から無益に洩れただけとはいえ、それは変化を予告するものでした。不安と当惑を伴った、あの変化の感覚がオスマン帝国全土に立ちこめています。それが懸念と一体でないことはまれで、およそ直近の将来に無条件の信頼を持たせるものなどほとんどない、と認めざるを得ません。もっとも、確実なことが一つ――動く「指[5]」によって、新しい表題がページの上に記されていた、ということです。このことで公正な無関心を装うことは、私にはできません。アジア側トルコの住民の運命を偏らぬ超然で見守るには、私は彼らの好意にあまりにも多く頼ってきました。私は、有望を摑むのに熱心ですが、失望でくじけるにははにぶい人間です。さりとて私が人々の前途に横たわる諸問題を過小評価するようなら、あれほど充分な歓待と協力を惜しまなかった人たちにあいまいな返礼をすることになりましょう。

　平和で勝つには、いくさでのそれよりも骨が折れます。それは、トルコでこれまで実践されてきた以上に高度の誠実と、いま通用しているものよりも洗練された概念での市民性を求めております。古い専制は撤去されましたが、その影はまだ国土全体に残ったままなのです。

本書に詳述しました旅の五カ月は、気がかりな、恐怖ですらあった月日でした。立憲政治はきわめて不安定な状態にあり、無秩序の暴力と、狂信、虐殺、内訌が勝ちを制するにひとしい有様でした。そこで私は新しいムラトがムラトを継いだのを知り、正義と自由を愛する人たちのすべてと彼の即位を喜びました。(6) アブデュル・ハミトは、当時陰謀をこととする人々の手中で無力だったとはいえ、逆行の象徴であって、彼の一派が勝利すれば帝国に夜明けをもたらした微光を消したにちがいないのです。

私が目にした支離滅裂な始まりは、一つの高邁な理想が人間の不完全性という言葉で翻訳されたものでした。しかし、青年トルコ党の活動の性格が英国よりもよく理解されているところ、偏見のない共感を得ているところはありません。われわれの賛同は、言葉の上だけのものではないのです。トルコの前進を歓迎し、促進することでわが国は決して手間どってはおりません。私は、トルコが長期にわたって染みついた悪弊の打破に苦闘しているのを見たわが国が、まっ先に援助の手を差し伸べたことを顧みて、喜ばしく思います。

トルコが軍事的冒険に顔をそむけ、良き行政と勤勉な産業活動の成果を求めて努力し、強力で秩序ある政府を持って文明国のなかで確たる地位を占められれば、世界平和の基礎はより強固となり、そこにトルコ自身はもちろん、わが国としても最大の国益を見いだせます。まだ遠い先のことでしょうが、私の願いどおりにそのときがきて、誰かが本書を棚から取りだし、そこに記録された変革の何カ月かを、納得しないでもなく振り返ってみるかもしれません。そして、中近東の人たちへの繁栄の回帰が閣下のエジプト経営とともに始まったことを思い出し、なぜ私が、深甚な敬意をこめてあえて本書を閣下に献呈申しあげたかを理解してくれることと存じます。

ガートルード・ロージアン・ベル

一九一〇年十月、ロゥントン(7)にて

訳注

（1）「ムラトのあとはムラト」――シェイクスピア『ヘンリー四世第二部』V―2。「ここはイギリスの宮廷だ、トルコではない。ムラトがムラトの後釜に座るのではない、ハリーがハリーを継ぐのだ」より。二人のハリーはヘンリー四世、五世、ムラトはトルコに多い名前で、ここでは同時代の初期オスマン帝国スルタン、ムラト一～三世を指す。

（2）シャルマネーゼル――古代アッシリアの五人の王（前十三世紀から前八世紀までに在位した一～五世）の一人。

（3）「幻影を……」――原文イタリア語。“trattando l'ombre come cosa salda.”

（4）スルタンの大天幕――スルタンが地方巡行に用いた豪奢な大天幕。

（5）動く「指」――旧約ダニエル書5―5以下（カルデアの王ベルシャザルの宴会で壁に現れて王の運命を書いた指の挿話）を引くものか。

（6）新しいムラトが……――著者は、一九〇九年四月二十七日の第三十四代スルタン・アブデュル・ハミト二世（在位一八七六―一九〇九）の退位と彼の弟メフメト五世（在位一九〇九―一九一八）の即位を旅の途中、ティグリス沿いに北行してモースルに入る直前に知った。

(7) ロウントン――英国北ヨークシアのノーサラトンにあったベル家の邸宅の一つ。ガートルードによるガーデニングが有名だった。

付録

中東を旅した女性たち

――レディ・トラヴェラーズの一系譜

田隅　恒生

本稿は、一九九八年に日本アラブ協会の雑誌『アラブ』に連載（第八四―八七号）したものである。中東といってもアラブ地域に重点を置いた読み物にすぎないが、取り上げた四人のアンカーをガートルード・ベルとしたので、同協会の了解を得てほかの三人を含めた全文を転載させていただく。若干の字句の修正、補筆と写真の一部差し替えはしたが記述の内容は変えず、「現ヨルダン国王フセイン」（現時点では「前ヨルダン国王」）など、執筆時の事実もそのままとした。

（筆者）

はじめに

カーゾン卿は、一八九二年に三十歳の若さで大著「ペルシアとペルシア問題」(George N. Curzon: *Persia and the Persian Question*, 2 Vols. London) を執筆するにあたり、現地を隈なく跋渉したのみならず、十世紀からの一千年間にペルシアを旅し体験を古典語ないしは近代西欧の諸言語（ペルシア語、アラビア語からの翻訳を含む）で読み得る形で残した人々を洗い出し、その旅行記のほぼすべてに目を通すという超人的作業をみずからに課した。

その種のデータでは初の試みとして彼が一覧表にしたこれらの人物約三百名のうち、三分の二が十九世紀になってからの旅行者である。全体を通じて女性はレディ・シェール、ディュラフォワ夫人、イザベラ・バードなどのよく知られた名のほか二、三を数えるのみで、十九世紀半ば以前に前記の条件を満たした人は皆無のようだ。かりに、対象をアラブ地域（オスマン・トルコ）にひろげ時代を第一次大戦まで下げれば、どういうことになろうか。その最後の一世紀にアラブ世界に現れた数名の異色の女性にささやかなスポットライトをあててみたい。選択の尺度にしたわけではないが結果として彼女たちに見られる共通点——それは、英国の富裕な貴族ないしジェントリー階層の出身で、数奇な運命に操られてアラブの土と化し、欧米でいまも根強い関心を集めているわりには従来わが国での馴染みが薄い、などの事実である。

レディ・ヘスター・スタノップ（Lady Hester Lucy Stanhope）

一七七六年、ケントの名門スタノップ伯家の長女に生まれる。父は三代伯チャールズ、母はチャタム伯ピット（大ピット）の娘、したがって宰相ウィリアム・ピットは叔父にあたる。当代最高の栄誉と権勢のなかで成人し、ジョージ三世をはじめ、王家の人たちもすべて友達づきあいの仲だった。六フィートの長身に強烈な自尊心と鋭い才気を漲《みなぎ》らせたヘスターは、ロンドン社交界で卓越した存在となる。やがて独身宰相の叔父に見込まれて「ダウニング街の女主人」として振る舞い、ナポレオン戦争時代の政局運営の裏を切り盛りして政治感覚を身につけた。だがピットの死に遭い、また再度の恋に破れて、彼女の人生は焦点を失う。

一八一〇年、心機一転を図って二度目の国外旅行に出た。オクスフォードを卒《お》えたばかりの若いお抱え医師メリヨンを伴い、戦争を避けて海路をジブラルタルまで行く。そこでロンドンの富豪の子息でケンブリッジ在学中に欧州を遊歴していた美青年、自分より十二歳年下のマイケル・ブルースを知ったことでヘスターの後半生が決まった。二人はマルタで親交を深め、東進してコリントスでギリシアを横断、アテネからコンスタンティノープルにいたる。ヘスターはアテネでバイロンに出会うが、

トルコ人の男装で長いキセルを持つヘスター・スタノップ
(Ian Bruce : *The Nun of Lebanon*)

うぬぼれの固まりのような両人は反発しあっただけだった。ブルサに遊んだころには、ヘスターとマイケルは引き返しができなくなっていた。

ロードスで船が難破してあやうく命拾いをしたのちエジプトに行き、太守メフメット・アリーに丁重に迎えられる。海難で身の回りの品を失ってから、ヘスターはトルコ人の男装で過ごした。女装ではヴェールをまとわねばならなかったからだが、ターバンをつけるのに邪魔になると髪を剃ろうとしたこともある。

近代白人女性として初めてパルミラに入った

パレスチナを北上してエルサレムからナザレに着いたとき、ペトラやアブ・シンベルを発見する前のブルクハルト（スイスの探検家）に会うが、たがいにほとんど無視した。ヘスターは、歴史や古遺物にまったく無関心な女だった。さらに北進、レバノンの専制封建領主ベシール二世に近づく。ついでダマスカス、ハマー、そして年来の計画のパルミラ訪問に出る。いまはダマスカスから日帰りも可能なパルミラは、当時は行くだけで決死の覚悟を要する辺境だった。

一八一三年三月末、ヘスター、マイケル、メリヨン、侍女フライの四名と七十人のアラブ人従者の一行はパルミラに到達した。ヘスターはベール神殿に住まう部族民の大歓迎を受けて女王と讃えられ、「砂漠の自由通行権」を手にする。彼女は、ゼノビアのあと世に忘れられ、ようやく前世紀以来ヨーロッパ人の目に蘇りつつある古代の町に初めて入った近代白人女性の名をかち取った。そして、かつてロンドンの狂気の占い師ブラザーズに言われた、オリエントで女王として戴冠するという予言が実現したと信じた。

その秋、マイケルは帰国して身を固めることになる。倦怠をかこっていた二人だが、ラタキアでいざ別れるときには愁嘆にくれた。ヘスターには、いまや帰るところもない。そこに流行のペストが襲いかかり、彼女は生き延びはしたけれども後遺の脳症らしいものと肺結核の症状が現れる。

ヘスターは、サイダの奥のレバノン山中、ジュウンの修道院を改造した山砦にこもり、百五十名の獰猛なアルバニア人の私兵に護られて小女王ぶりを発揮した。近在に住むドルーズ（イスマーイール派イスラムから分かれた特異な小宗派）たちは、庇護と引き換えに彼女にひれ伏す。遠方に出たのは、北シリアのアラウィ派征伐や、アスカロンの古代遺宝探しなど、数えるほどしかない。日ごろ彼女が親しむ占星と呪術の支配のもとに現実と幻想が交錯するなかで、ベシールの暴政に対する徒手空拳の闘争と、彼女に背を向けた祖国へのはかない抵抗と、「レバノン山の女王」の評判を聞いて西欧から訪れる有名無名の旅行者への応対で長い歳月が過ぎた。シリアに居座ったイブラーヒーム・パシャの凶悪な軍勢も、英国の介入を警戒してヘスターには手を出さなかった。

だが資金を賄ったマイケルとの縁が切れた彼女は多額の債務に苦しみ、ピットの遺志に基づく英国政府の年金すら、その弁済のために支給を止められた。最後には、二十八年間をこの猛烈な貴婦人の手足となることに捧げた医師メリヨンも去る。病み衰えて残された老婆はアラブの召使いのほかに見守る人もなく、一八三九年六月に孤高、奇矯の生涯を終えた。遺体はジュウンの邸内に葬られた。

ヘスターの一生は、常人離れした自尊心、正義感、そして飽くなき支配本能に裏打ちされた姐御肌の気質と野放図な浪費癖が露呈して見える絵物語である。その人となりについては見方の分かれるところで、晩年に現地を訪れた著名人では詩人ラマルティーヌや歴史家キングレークは崇拝にちかい惚れこみぶりだったが、りっぱな狂女と見た人も多い。少なくとも、一般の常識の埒内に納まる人格ではなかった。ただ言えるのは、彼女には私心は皆無で、崇高であれ異様であれその発想と行動は生得の気性のままに発現したことであろう。

ヘスターの事績、とくに英国出国後のそれを跡づけるものには、本人の書簡のほかメリヨンの厖大な記録がある。伝記は、少なくとも五種書かれている。

ヘスター・スタノップがこもった山砦の外壁現状（小間典子氏撮影，1998年3月）

古い修道院を館とし「レバノンの尼僧」と自称

さて、「レバノンの尼僧」（Ian Bruce: *The Nun of Lebanon*, London 1951）なる一書がある。編著者イーアン・ブルースはマイケルの曾孫の軍人で、レバノンの尼僧とは古修道院を館としたヘスターの自称である。ブルース家には代々伝わる書類箱があり、第二次大戦中はイーアンの母がドイツ軍の空襲から守り通した。戦後イーアンが調べたところ、離別したマイケルあてのものも含めてブルース家とヘスターとの交信の束が、一部は未開封のまま大量に現れたという。それを整理して公表したのが同書である。私は、われを忘れてこの注釈つき書簡集を読みふけった。それは先年、私がジョーン・ハズリップのヘスター伝の翻訳（Joan Haslip: *Lady Hester Stanhope*, London 1934.『オリエント漂泊——ヘスター・スタノップの生涯』法政大学出版局、一九九六年）を出版した直後だったが、戦前の伝記になにがしかを追加しうる資料を見いだした。メリヨンをはじめ多くの人がこの門外不出の書簡の披見を求めたが、ブルース家では応じず百年を経た、ということが背景にある。もはや新事実ではないが、私が気づいたこと、興味のあったことのうち一、二を述べておきたい。

一つは、息子とヘスターとの関係を、マルタ滞在の当人たちから知らされたマイケルの父クローフォードの反応である。彼はスコットランド出身の第七代ステンハウス准男爵の弟で、インド貿易で巨富を積んだ豪商、下院議員だが、ボンベイ（現ムンバイ）生まれのマイケルをいずれは政界に出そうとしていた。伝記では、父は愛息が高名な貴婦人とはいえ中年の女の情夫となったことに激怒した、となっている（ヘスターの実家では、彼女を義絶した）。実は、クローフォードは驚き怒ったものの、返書は「事情は了解。いたらぬ息子を充分に仕込んでいただきたい」という趣旨で出しており、それに対しヘスターは、時期がくるまで責任をもってお預かりする、という姿勢をとる。その後、両者の間に奇妙な信頼が築かれ、クローフォードがヘスター一行の莫大な経費の多くを黙って負担した裏には、このような経緯があった。そこに見えるのは、大富豪といえどもピットの姪御には逆らえなかった、また息子への政治的支援を彼女に期待した、という構図であろう。だが現実には、ヘスターはたとえ帰国してもすでに過去の人だったのだ。

つぎは、ラタキアでマイケルを送り出したヘスターである。彼女は、まさに母性の温情でマイケルの旅の安全を案ずる手紙を矢継ぎ早に立ち寄り先に出し、クローフォードには受託者としての責任を果たそうと努めている。それは高飛車で傍若無人のヘスターがシリアの港町で演じた、未曾有の細やかな気遣いに溢れる、涙なしには見られぬ情話の一幕だった。一方、ペストを怖れつつ陸路帰国についたマイケルは、ヘスターの罹病を聞いていたたまれず、一時はシリアに舞い戻る気まで起こす。ところがコンスタンティノープルに着くやある女性とねんごろになり、さらにウィーン会議開催の前景気に沸くオーストリアの都でも、パリでも、といった調子で、五年ぶりにロンドンに帰り着くまで羽を伸ばし続けていた。

編者イーアンは、ヘスターがあえて帰国の道をとらなかった理由を、英国では、かつての豪奢な生活を維持することが経済的に不可能と知ったためと断定している。彼女にとって自尊心は生命以上のものだった、ということだろう。

ヘスターの伴侶たちはどうなったか。帰国したマイケルは、パリでのモスコヴァ公（将軍ネイ）夫人との情事をはじめ艶聞をまき散らした末、三児の母である年上の寡婦（ダラス准男爵の娘メアリアン）と結婚する。下院議員にもなったが大を為すことはなく、一弁護士で終わった。永年ヘスターに仕えた侍女フライ夫人は心身ともにくたびれはてて途中で帰国し、代わりに来た若いエリザベスはヘスターの山砦で女主人の手製薬を飲んで死亡した。医師としてのキャリアを棒に振ったメリヨンは、非凡な女性に従った日々の記録者として、また彼女に献身的に奉仕したあげく土壇場で見捨てた男として名をとどめている。

ヘスターは、期せずして自己追放に陥り、しかも自身の生涯に関わった、主だったものだけでも十指にあまる人をことごとく、本人の野心や願望や周囲の期待とはかけ離れた、ちぐはぐな人生に追いやった――私には、そのように思われてならない。

ジェーン・ディグビー・アルメズラブ（Jane Digby al Mezrab）

バイロン的遍歴の女性版、愛のオデュッセイア、そのほか呼び方は何であれ、破天荒というほかはない生涯をシリアで終えた貴婦人がいた。

まず、その長い前史を端折って述べよう。

ジェーン・ディグビーは、一八〇七年に英国ドーセット州で生まれた。生家も母方のクック家も十二世紀まで遡りうる名門で、知名人を輩出している。父サー・ヘンリー・ディグビーはトラファルガル海戦の英雄、母レディ・アンドーヴァ（死別した前夫の名で呼ばれた）は、プレイボーイの国王ジョージ四世に英国きっての美女と言われた人だった。

ジェーンは十七歳でデビューし、その秋、エレンバラ伯エドワード・ローと結婚した。伯は当時三十四歳の野心的な政治家で、後年インド総督、海相などを歴任する。政務多忙と称して夫が顧みなかったこともあり、ジェーンは結婚後三年の間に早々と二度の情事を経験した。相手は従兄のジョージ・アンソンと古文書学者フレデリック・マデンで、二歳で死亡した初産の男児がジョージの子だったとは、のちにジェーンが告白している。そして一八二八年にロンドン社交界の寵児、オーストリア大使館アタッシェのフェリクス・シュヴァルツェンベルク侯を知ったことで、彼女の人生は大転回を始める。ボヘミアの深い森の、ヴルタヴァ川を見おろすクルムロフ城に育ったフェリクスはそのとき二十八歳、大宰相メッテルニヒ秘蔵の逸材で、やがてオーストリア首相となりハプスブルク家の再興、近代化を担った。

情事が明るみに出て、エレンバラ伯は離婚に踏み切る。フェリクスはいち早く英国を離れ、彼の子を宿していたジェーンもスイスに逃れた。その頃、貴族の離婚は上下両院の裁決を要し、審議が延々と続いたため情事の内容は細部まで白日の下に曝されて、一大スキャンダルに発展した。

「絶世の」などという言葉はむやみに使いたくないのだが、肖像画に見るジェーンの美しさをこう形容することに異存のある人はまれだろう。のみならず聡明で読書を好み、詩作に秀で、素人離れした絵を描く才女でもある。自身が稀代のリングイストだったリチャード・バートンによれば、後年のジェーンは九カ国語（西欧諸語と西スラヴ、ギリシア、トルコ、アラビアの各語）を自由に操った。そして彼女は「私の不幸は恋をすべてと思うこと、空気を呼吸するように、愛し愛されていねばすまないこと」と述懐し、「恋と結婚がめったに結びつかないのは人間の弱さ、罪深さの憂鬱なあらわれ」と嘆じた。家族はジェーンを終生見放さず、彼女も何度か帰国しているが、英国との表向きの関係は二十二歳のこのときに終わっている。

ミュンヘン時代のジェーン・ディグビー
(Margaret F. Schmidt : *Passion's Child*)

ジェーンは欧州を転々としてフェリクスの愛を繫ぎとめたが、二児を得ながら（初めの女児はフェリクスの姉が引き取り、つぎの男児は夭死）、結局彼とは結婚できなかった。フェリクスを囲む壁は、あまりにも厚かった。

フェリクスを追ううち、一八三一年に彼女はミュンヘン――ルネサンス期のフィレンツェにも比せられた花の都に現れた。そして、バイエルン王ルートヴィヒ一世（「狂王」ルートヴィヒ二世の祖父）との長い親交が始まる。

やがてハイデルベルクの北、ヴァインハイムの貴族カール・フェニンゲンと結婚した。男児ヘリベルトと女児ベルタが生まれたが、ベルタにはルートヴィヒの家系に特有の精神障害が現れ、彼の子であることを否定できない。

ドイツの田舎町の暮らしに張りを感じ得なかったジェーンは、舞踏会で知り合ったギリシアの貴族でイオニア海の島コルフの領主、スピリドン・テオトキ伯（スピロス）と駆け落ちを決行する。カールは追跡して捕らえたスピロスと決闘して重傷を負わせたが、結局ジェーンを譲る。彼女はパリでスピロスと同棲し、一八四〇年に男児レオニダス（古代スパルタの英雄にあやかった命名）を生んだあと、ようやくカールとの離婚が成立した。待ちきれなかった彼女はその前にマルセイユでギリシア正教によりスピロスと結婚して、ギリシアに赴いた。

一八三二年に列強の支援でトルコから独立したギリシアの初代国王には、ルートヴィヒの次男オットーが送りこまれていた。ジェーンはアテネに壮麗な邸を新築し、宮廷に出入りする。オットーの愛人、つまり父子二代の愛人説は根拠が不十分なようだが、ジェーンの存在は王妃アマーリエの嫉妬をかきたてた。一八四六年のイタリア滞在中にはレオニダスが事故死する不幸に見舞われ、またスピロスに愛人がいることが分かって、ジェーンの気持ちは彼から離れてゆく。六年後、マルセイユでの結婚はカールとの離婚の確定前だった理由で無効とする判決が出て、彼女は三度目の自由を獲得した。

山賊の首領に魅せられ、その情婦に

ついで、名目上ギリシアの将軍で実体は山賊の首領、「中世のアルバニアから抜け出したような」クリストドロウス・ハジ＝ペトロス（クリストス）に魅せられ、一も二もなく情婦となる。アテネの邸を留守にして北部のラミーアに移り、一自然児と化して盗賊仲間と山野を放浪した。そしてクリストスとの結婚を準備中の一八五三年四月、四十六歳のジェーンは突然すべてを放擲し、侍女ウジェニを伴ってピレウスからシリアに出航してしまう。

この唐突な行動は、皆を驚かせた。数年前、トルコから東地中海、エジプトを旅行したジェーンはアラビア馬のすばらしさを知り、買い集めてクリストスとの生活に役立てよう、またヘスター・スタノップやキングレークのことを読んで聖地、ダマスカス、パルミラなどを訪ねようと思っていた。そこへ、レオニダスが生まれたときにパリで雇い入れ、三十年間をともにする侍女ウジェニから、クリストスが彼女に手を出したと訴えられた。クリストスの背信に憤激し、誇りを傷つけられ幻滅したジェーンは、即刻彼を見限り、予定を早めて急遽出発したのだ。

こうして、桁外れの前歴にまさる異彩を放つ、しかし見方によってはおだやかな、ジェーンの後半生が始まる。ところが、なんとも奇妙なことに、この侍女誘惑事件は、女主人の無軌道ぶりを見ていてヒステリーを起こしたウジェニの狂言だったふしがある。欧州の社交界を驚倒させたジェーンの新しい境遇のきっかけは、このフランス人侍女の浅はかな仕業だったのかもしれない。

ヤッファで上陸したジェーンはエルサレムを訪れたあと、北上する。同行したキャラバンの長、アラブの若者サレフに一目惚れし、わずか二週間で結婚を考え、ナザレではみずから求めて深い仲になってしまった。再会を約して彼と別れ、ダマスカスに向かうとき、かねて手配してあったパルミラ訪問の護衛に会う。それがメズラブ族ベドウィンのシャイフ（族長）、ミジュエルだった。メズラブ族は大アナザ族の分枝で、小さいが格の高い部族である。パルミラ道の旅行者やキャラバンの護衛を引き受け、その報酬で生活していて、四十年前、ヨーロッパ人女性として初めてパルミラを訪れたヘスター・スタノップを案内したのも何代か前の彼らだった。

一八五三年六月、ジェーンはパルミラに入った。ヘスターにつぐ二人目の白人女性ということになるが、この記録も彼女の場合は愛の彷徨の陰にかすんでいる。

ベドウィン族長の貞淑な妻となった後半生

ジェーンは一旦アテネに戻り、サレフとの約束にしたがって十月に再度エルサレムに来る。しかし、その間にサレフは若いアラブの娘を妻にしていた。この屈辱は、長く彼女の心のうずきとなって残った。いまさらアテネには戻れず、ダマスカスに出てミジュエルに会い、バグダード訪問を計画する。そのときミジュエルから求婚されたジェーンはむしろ驚き、態度を保留した。ミジュエルは彼女より二十歳ちかく年下だったが、妻子があり、何よりもこの点にジェーンはこだわった。

半年におよぶバグダードへの旅では、ミジュエルの友人のバラクが率いるキャラバンに加わる。バグダードには楔形文字の解読者ローリンソンが英国領事を務めていて、その歓待に与った。アレッポ、ハマー、ホムスを経てダマスカスに帰る途中、ジェーンはバラクに迫られて身を委ねるが、この事件はさして傷痕を残さなかったようだ。そして、ダマスカスから出迎えにきたミジュエルと会ったとき、彼との結婚を決心する。ミジュエルは、一人だけいた妻を離縁する意志を固めていた。

ジェーンはアテネに行って資産を処分し、ダマスカスに戻った。家を建て、欧州から家具を入れてシリアと英国の折衷様式の快適な住まいを造った。

1859年当時，ベドウィン正装のジェーンとミジュエル
(Mary S. Lovell : *Rebel Heart*)

一八五五年ホムスで、四十八歳のジェーンはトルコの役人が立ち会うイスラムの結婚式を挙げた。ミジュエルは敬虔なモスレムだったが、ジェーンが改宗したわけではない。新婚旅行先は、メズラブ族の本拠パルミラだった。

以後二十六年間、ジェーンはそのアラビア語名シット（＝レディ）・ディグビー・アルメズラブのもとに、ちょうど息子の年齢の、小柄で色の浅黒い、だが誠実で血筋の確かなベドウィン族長の貞淑な愛妻であり続ける。彼女は、人種差の意識をみじんも持たなかった。当初ジェーンを「卑しいヨーロッパ人」とみて拒否反応を示した部族民も、彼女のベドウィン生活への同化とシャイフの妻としての献身に接して、敬慕を惜しまなくなる。ジェーンは年の半分はダマスカスに、あとは牧草を追って砂漠で部族と暮らすというライフスタイルを守った。夫にかわって危険なパルミラ旅行の案内すら引き受け、自分の資金で英国の銃器を取り寄せては部族の強化に努めた。少人数のメズラブ族が部族間の優位を保つ上で、彼女が果たした役割は大きい。

身辺の安定とともに、ジェーンはキリスト教徒としての本分に立ち帰る。面被をつけて教会に行き、説教に耳を傾けた。一八六〇年にドルーズの襲撃に端を発するモスレムのキリスト教徒大虐殺が起こったとき、彼女の立場は非常に微妙だったが、敢然として犠牲者の救援保護に動いた。西欧からの旅行者は引きもきらずこのダマスカス随一の高名な女性を訪れ、帰国すれば土産話に尾鰭をつけて振りまいた。部族の戦闘に夫と参加して消息がとだえたとき、死亡の誤報が欧州を流れて波紋を生んだこともある。なかでも愚劣で傑作なのは、領事としてかつてダマスカスにあり、当時はトリエステに在勤したリチャード・バートンの妻イザベルの言動だ。ダマスカスでジェーンとごく親しかった彼女は、死去と聞くやただちにロンドンの新聞に投稿し、かねてジェーンの驚くべき過去を聞き取っていて、その独占出版権を持っていると公表した。それを知ったジェーンは、生存を明らかにするとともにイザベルの言を全面否定した。窮したイザベルは、事情を知らぬ第三者が不当な伝記を書くのを未然に防止する措置だと苦しい弁明をする。ダマスカス、トリエステ、ロンドンに三つどもえの不毛な論争が飛び交ったが真相は藪の中で、後代の伝記作者は「女の言葉の闘い」と名づけて、イザベルの稿料欲しさに発するものと解説している。

ジェーンの生涯が詳しく分かっているのは、無数の手紙と、人に知られたくない部分をコード化した日記が残っていたからだ。惜しいことに、部分的にはポルノめいたその日記は、初期の伝記作者が苦労して解読したあと失われたという。

ジェーンが若さと美しさを失わなかったのは驚くばかりだが、一八八一年八月、赤痢にかかり、七十四歳でダマスカスで死去した。葬儀は英国国教会により執り行われ、十字架を浮き彫りにした墓碑は、ミジュエルがアラビア語で名を刻んで足元に据えた台石とともにいまも残っている。

ジェーンの生き方はひたむきで、行動とは裏腹にいまわしいイメージは薄い。晩年には、どこか聖女めいた面影さえある。しかしともかく、有名無名の人を数多く巻きこみ、英国国教会、カトリック、ギリシア正教、イスラムによる四度の結婚と、確証のないものも含めれば十回を超える情事を重ねた。最後で最愛の夫を知るまでに六児をもうけたが、成人したのは二人である。一生の大半は自分本位で目先中心の衝動の連続であって、英国と中南欧とレヴァントを駆けめぐっては世間を騒がせながら後世への有形の影響はなにもない。

ただ、大げさにいえば文学史上の遺産が二つある。その一——バルザックの名作『谷間のゆり』に、ヒロインの恋がたきとして登場する英国の侯爵夫人アラベラ・ダドレーは、ジェーンがモデルとなっている。一八三五年、ヴァインハイムに彼女を訪れたバルザックは、ただ一日の滞在でこの構想を得たという。しかも、念のためにと同書を読み直していて私が初めて気づいたのは、その第三篇に、へスター・スタノップからアラベラに贈られたという名馬を駆って主人公（いみじくも名をフェリクスという）が夫人との密会に出かける場面のあることだ。バルザックはへスターとの面識はなかったが、その奔放な想像力のおかげで、ジェーンが架空の侯爵夫人を介して当時まだレバノンに存命のへスターとも縁ができたとはおもしろい。文字どおり虚実錯綜の、めずらしいプロットである。ただ、ひとこと蛇足をつけ加えると、その一節が百年後の日本で「私の馬はヘスター・スタンホープ夫人から侯爵夫人に贈られたアラビア馬で……」（一九四〇年、M氏訳）と訳されたのには、地下のヘスター・「スタンホープ夫人」はさぞびっくりしたことだろう。名前の発音の読み違えはともかく、これは「レディ」や「マダム」という敬称の翻訳には細心の注意を要することの適例といえる。その二――のちアラビアン・ナイトの英訳を完成するリチャード・バートンは、ダマスカス時代にジェーンと親しく行き来して、ハレムの実態、異様な習俗を彼女から聞き出した（イザベルはアラビア語ができず、このようなことでは役に立たなかった）。バートン版『アラビアン・ナイト』と厖大な注釈の発禁処分誘発的な部分のいくつかは、ジェーンが情報源だったのだ。

ジェーンの伝記のうち、メアリー・ラヴェルの近作「反抗する心」（Mary S. Lovell : *Rebel Heart*, London/New York 1995）は、ジェーンと結婚するためにミジュエルが離別した前妻の子アフェートが、第一次大戦で「アラビアのロレンス」のもと、ダマスカス解放に参加したという話を報じている。そして、もしジェーンにミジュエルの子があり、ロレンスなどが及びもつかぬ英国とアラブの架け橋になっていたならば、という妄想に私を駆りたてる。

レディ・アン・ブラント（Lady Anne Blunt）

一八七八年十二月、十三日の金曜日をあえて門出の吉日に選んで、ウィルフリド・スコーエン・ブラント（一八四〇―一九二二）と妻アン（一八三七―一九一七）はダマスカスを発ち、念願のアラビア奥地への旅に出た。前年のシリア、メソポタミアの探訪を完結させるために計画されたもので、後述のようないくつかの目的があった。しかし二人にとっての最大の動因は、アラブ、とくに生粋のベドウィンの生き方に寄せる共感と、その発祥の地とされる中央アラビアのネジュド高原への宗教的情熱に似た、燃えるようなあこがれである。アンが、旅の記録を「ネジュド巡礼」（Lady Anne Blunt: *A Pilgrimage to Nejd*, London 1881. 筆者訳『遍歴のアラビア――ベドウィン揺籃の地を訪ねて』法政大学出版局、一九九八年）と題したのは、このゆえにほかならない。

アンの中東との関わりは結婚後の人生のすべてと、北アフリカからペルシアまでの広範囲に及ぶものだが、本稿では、上記の紀行にしたがって白人女性初のアラビアの旅を辿ってみよう。

アンは、ラヴレース伯ウィリアムの長女で、母は詩人バイロンの唯一の嫡出子オーガスタ・エイダである。ただバイロンはエイダの生後まもなく異母姉との忌むべき事件のために故国を追われ、八年後にはギリシアで死亡しているので、詩人の孫娘といっても血の繋がり以上のものはない。アンは父親との折り合いが悪くて、暗い娘時代を送りつつ、気品と知性と勇気を身につけて育った。画をラスキンに、音楽は二本のストラディヴァリを携えてヨアヒムに学び、欧州各地を遊訪して五カ国語に習熟した。そして一八六九年に、イタリアで知り合った詩人外交官時代のウィルフリドと父の反対を押し切って結婚する。

ウィルフリドは、「ウィリアム征服王とともに英国に渡った者の子孫で現存する六十八家の一つ」を誇る、サセクスの大地主の生まれである。バイロンの血が流れるのは彼のほうでなかったかとすら思わせる、そのドンファン＋ドンキホーテ的性格を「分析不能の矛盾の固まり」といわれた、ハンサムで長身の端倪《たんげい》すべからざる才人、過激な理想主義者だった。アンの文章に見るウィルフリドは妻が敬愛を惜しまぬ穏やかで良識ある紳士だが、その幸せな関係は長くは続かなかった。彼について語るべきことは多いけれども、ここでは、アラビアの旅のあとカイロ郊外に

1888年頃のアン夫妻
(Thomas Assad : *Three Victorian Travellers*)

館を構えてイスラムの政治的再生を唱え、英国のエジプト植民地化を痛烈に弾劾して止まず、やがて放埒な女性関係からアンを置いて帰国し、故郷で一生を終えた、というにとどめる。

イブン・ラシード家の都、ネジュドのハーイルに着く

さて、ベイルートからダマスカスに着いて出発準備に入ったとき、アンがまっさきに助言を求めたのは、前の旅で知り合った、ほかならぬジェーン・ディグビー夫妻だった。アンは、自分より三十歳年上のジェーンとその夫ミジュエルの落ちついた生活ぶりを、あたたかい筆致で描いている。

一行はアン夫妻、パルミラの族長の息子で前年ウィルフリドが義兄弟の盟約を結んだムハンマド・ブン・アルーク、コックのハンナ、ほか四人の計八名で、馬と駱駝の小キャラバンを組み、南をめざした。夫妻ともアラビア語に堪能で、とくにアンの会話力は前回の経験で長足に進歩し、この旅ではすばらしい使い手となっていた。ムハンマドは、単なる随行者ではない。何代か前に別れたままアラビアのどこかにいるはずの一族から妻を求めたい希望があり、それを夫妻が支援したのだ。

万事、雲を摑むような話で、目標はハーイルといってもルートさえ容易に決まらない。一応のめどがついたのは、十日後にシリアの東南端、西から見れば人の住むさいはての村メラフまで来て、溶岩原を越え大涸河ワーディー・シルハーン伝いに半島中部に達し得る目算がたったときである。アラビアに入ってからは、あやふやな地図を自分で修正しながら進む毎日だった。二十八日にワーディーの入口にあたるカーフに着き、隣のイセリで村長の妻の実家がイブン・アルークだったことから、よう

やく事情が分かってきた。

一月三日には白昼ベドウィンの一団の襲撃をうけ、夫妻とも危うく命拾いをするというきわどい体験をした。二日後にワーディー・シルハーン南端のジョーフに到着、近在の村メスカケーでイブン・アルーク一家が見つかる。

アンが奔走した結果、ムットラという十五歳の娘とムハンマドとの婚約が整った。アン夫妻は砂漠の月下氷人を務め、ウィルフリドは義弟のために結納金五十トルコ・ポンドを負担した。ベドウィンの一青年が、生地のパルミラとは直線距離でも八百キロのシリア砂漠を隔てたところで、何世代も消息不明だった同族の娘との縁組みを英国人夫妻の仲介で果たしたとは、まさしく空前絶後のことだろう。

一月十二日、盛りあがる赤砂の大荒野、ネフード砂漠に入った。ほとんど井戸のない中央部を一週間で踏破して、ネフード南部のオアシス、ジョッバに辿りつく。その間、水不足と重荷に堪えかねた駱駝の衰弱から、遭難の一歩手前までいったこともある。二十四日、ネフードを抜けて、めざすイブン・ラシードの都、ハーイルに着いた。目的地が視界に入ったとき、ウィルフリドは、ハーイルでなら首を刎ねられても満足だとまで断言した。この間のアンの記録は、アラビア内奥の苛烈な自然を淡々と描いて余すところがない。

ハーイルでは、アミール（首長）・ムハンマド・ブン・ラシードから、予想もしなかった歓待をうける。キリスト教徒という身分はまったく支障にならず、アンは王宮のハレムに入りこんでアミールの妻たちとのおしゃべりを楽しみ、その生態を克明に記録に留めるという類のない仕事を残した。

そのころ、イスラム復古主義のワッハービズムを奉ずるリヤドのイブン・サウード家は相次ぐ内紛で壊滅寸前だった。状況は一世代後に激変するが、当時はアラビアの将来はもっぱらイブン・ラシードのものと見られていた。そのアミール・ムハンマドが、対抗者となりうる一族の男をすべて虐殺して首長位をもぎ取った梟雄《きょうゆう》であることに、アン夫妻はハーイルに近づくまで皆目無知だった。首長になったムハンマドはまれに見る善政を施し、名君としてのみ知られていたのだ。ワッハーブ派の創始からイブン・サウード家の興隆と没落、トルコの介入と湾岸の占領、イブン・ラシード家の台頭――先立つ過去一世紀半の中央アラビアの歴史が、帰国後に書かれたウィルフリドの小論文（前掲拙訳書に所載）で初めて具体的に紹介されたのは、この旅行の成果の一つに挙げられよう。

一八七九年二月一日、一週間の滞在を終えたアン夫妻は満ち足りた気分でイブン・ラシードの都を後にし、バグダードに向かった。たまたまメッカから戻るペルシアの巡礼団がハーイルを通過したため、それに伴走して北行する便宜が得られた。相手は二千余名のシーア派の巡礼、アミール管下の護衛の兵士とベドウィンが一千名、そして五千頭の駱駝という大集団である。アン夫妻は、数人のバフティアーリー出身のペルシア人と親しくなったものの、巡礼団には加わらなかった。夫妻はアラブ、わけてもベドウィンの生き方への親愛感から、彼らとまったく異質のペルシア人とは何かにつけそりが合わなかったが、巡礼団を観察したアンの目は確かである。当時の西欧のアラビア旅行者は多かれ少なかれダマスカス、あるいはカイロ発の巡礼団に言及しているが、バグダード仕立てのシーア派巡

アラビアのレディ・アン・ブラント（Lady Anne Blunt : *A Pilgrimage to Nejd*）

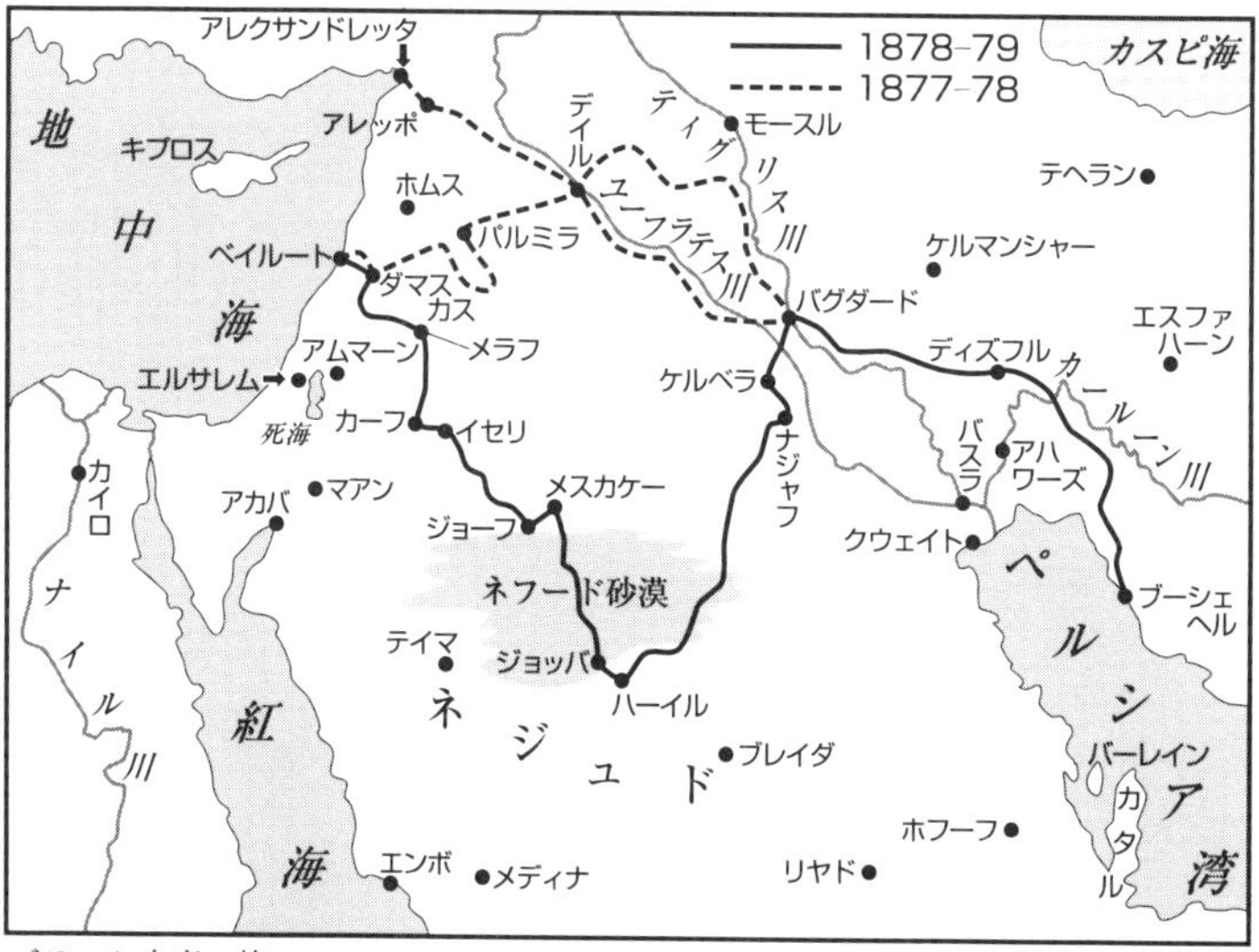

ブラント夫妻の旅

礼の実態を詳述したものはあるだろうか、寡聞にして私は知らない。

ネフード砂漠の東端をかすめて北上し、八世紀のカリフ、ハールーン・エッラシードの妃ゾベイダが造った貯水池群を経由して、二月二十七日にシーア派の聖地ナジャフに着く。途中、パルミラのムハンマドにとっては昔分かれたもう一つの家系の当主、ムットラク・ブン・アルークと偶然に邂逅する劇的な場面もあった。ナジャフの手前では、巡礼団の無数の駱駝が力尽きて斃死するという凄惨な情景を目撃する。三月六日、一行はバグダードに到着し、旧知の英国駐在官公邸に入った。ダマスカスからの八十四日間、二千キロの旅は、こうして終わった。


以上が、義兄弟のムハンマドに妻を娶らせ、ワーディー・シルハーンとネフードを経てハーイルを訪れ、アミールに会い、馬の愛好家としてアラビア馬の集産地を実見し、東の巡礼路からバグダードに出るという、数々の「史上初」のタイトルを得た女性によるアラビア紀行のあらましである。無謀に近い企ての、意図した目的をほぼ完遂できた、幸運な旅だった。

アン夫妻はこのあと西南ペルシアを陸行して湾岸のブーシェヘルに出、そこからインドに向かった。アラビアでの成功に比べ、ペルシアの九百キロの旅はみじめの一語に尽きる。バグダードでキャラバンを組み替えたこと、夫妻はペルシア語ができなかったこと、ウィルフリドが発病して一時は危うかったことなどの事情はあるが、要はアラブ以上にアラブ好みだった著者たちに、ペルシアの水は合わなかったのだ。

アン夫妻の一年前、ダウティがハーイルを訪問していた

　ところで、どうしても腑に落ちぬことが一つある。アン夫妻は自分たちを、身分を偽装せずにハーイルに入った最初のヨーロッパ人と終始信じていた。だが実は一年前に、チャールズ・ダウティがキリスト教徒として、別ルートから二度にわたってハーイルを訪れ、迫害に近い冷たい扱いをうけていたのだ。彼は、最後にはハーイルをほとんど命からがら逃れ、紅海岸のジェッダに出て帰国した。しかし、その体験記「アラビア・デセルタ（砂漠のアラビア）の旅」（Charles Doughty: *Travels in Arabia Deserta*, London 1888）は執筆に九年を要したため、アンが自分の紀行を出版した一八八一年の時点でダウティの行動を知らなかったのは、分からぬでもない。分からないのは、わずか一年前にハーイルに二度も現れ、大いに物議を醸した白人キリスト教徒のことを、アンの滞在中に誰ひとり話題にしなかったことだ。

　イブン・ラシードの都といっても、日干し煉瓦の城壁と王宮を除けば大きな村にすぎず、人の噂は瞬時に伝わる。アミールをはじめ、ハレム以外でアン夫妻が話を交わしたほどの人なら、すべてダウティとも知り合っていたのは「アラビア・デセルタ」で明らかだ。その彼の話が出なかったのは、どういう力が働いたのか、あるいは、ありえないようなまったくの偶然か。事実を知っていたら、アンの記録はかなり違ったニュアンスになったろう。誇り高いウィルフリドは二番手になるのを潔しとせず、妻にその出版を許さなかったかもしれない。

　ダウティが心血を注いだ「アラビア・デセルタ」は、総語数六十万という厖大なものだった。かね

て英語の浄化を唱えていた彼は、苦難に満ちた一年九カ月のアラビア放浪のすべてを、エリザベス朝以前の古めかしい、奇妙な文体でそこに詰めこんだ。愛読者のT・E・ロレンスが格調高い序文を書いた縮約版ですら、三十数万語である（ロレンスの『知恵の七柱』で約二十八万語という）。ダウティとアン夫妻の足跡が重なるのはハーイルのみで、その部分だけでも普通の本一冊分はあろう。

「アラビア・デセルタ」が出たとき、アン夫妻はどんな気持ちでその個所を読んだことか、と思わずにはいられない。いくつかの文献を調べたが、アン夫妻がダウティの動きを知らなかったとはあっても、ハーイルで噂も聞かなかった不思議に触れたのはいまのところ見当たらない。これは、永遠に解き得ぬ謎というに値しないだろうか。

アラビアの旅は、アンが夫と力を合わせて敢行し、そして楽しんだ何度かの中東旅行の最後だった。まもなく二人の間には隙間風が吹き、やがて破綻にいたる。一九〇六年からアンは独りでカイロに住み、十一年後、そこで死去し、葬られた。

孫のリットン伯アンソニーが語る、「縮こまり、いじけて、鼠かジャボウア（砂漠のトビネズミ）のように物ほしげな」晩年のアンに、アラビア高原での自信と希望に満ち溌剌としたあの面影を重ねるのはむずかしい。夫の没義道《もぎどう》な仕打ちが、アンに美しく老いることを得さしめなかったとすれば、痛ましいというほかはない。

ガートルード・ベル（Gertrude Lowthian Bell）

ガートルード・ロージアン・ベル（一八六八―一九二六）は、「旅する人」の概念を超えた存在かもしれない。二十代の前半から死にいたるまで、彼女が中東のどこにもいない年はめずらしいほど常在的だったからだ。その足跡を中東の地図に記せば、イランの東部とアラビア半島南部を除いて真っ黒になってしまう。しかも彼女は、故国と家族との間に人一倍強い絆を最後まで持ち続けていた。

ガートルードは、北イングランドのダラムで、冶金化学者の祖父が石炭・鉄鋼の事業を創めた富裕で知的な准男爵の家に生まれた。ヴィクトリア朝の栄光の体現のような恵まれた環境で、卓越した資質を存分に伸ばして人となる。女性に門を開いて間もないオクスフォードで近代史を学び、二十歳の若さで女子では初の最優秀の成績で卒業した。

一八九二年、駐テヘラン公使の伯父の客となって現地を訪れたのが、ガートルードの中東との長いつきあいの始まりだった。中東以外では、欧州での頻繁な旅のほか、そのつど日本に立ち寄った二度の世界周遊もあり、行かなかったところを探すほうがむずかしい。ここでは、彼女と中東との主なかかわりを三つに分けて考えてみよう。

(1)　ツーリスト、探検者として――ペルシア（一八九二年）、アルジェリア（九三）、トルコ（九九）、エルサレム・シリア（九九―一九〇〇）、アナトリア（〇二）、シリア・アナトリア（〇

1910年頃のガートルード・ベル
(University of New Castle)

五)、モロッコ(〇五)、エジプト(〇七)、アラビア・メソポタミア・シリア(一三)。

(2) 考古学者として——アナトリア(一九〇七)、シリア・メソポタミア・アナトリア(〇九)、メソポタミア・シリア(一一)。

(3) 公務で——エジプト・(インド)・イラク(一九一五—一六)、イラク(一七—二六在住)。

最初のテヘラン訪問からはペルシア語への熟達と、詩情ゆたかな紀行「サファル・ナーメ——ペルシアの情景」(*Safar Nameh—Persian Pictures*, London 1894)と「ハーフェズ訳詩集」(*Poems from the Divan of Hafiz*, London 1897)が生まれた。一八九九年末から翌年にかけてのエルサレム・シリア滞在で、アラビア語は彼女の第二の母国語となり、シリアの国土とドルーズへの親愛が深まる。一九〇五年のシリア・アナトリアの旅は、主著とされる名篇「荒野と耕地の間」(*The Desert and the Sown*, London 1907. 筆者訳『シリア縦断紀行』平凡社、一九九四—九五年）をもたらして、一躍ガートルード・ベルの文名を高めた。そして一九一三年のアラビアの旅で、彼女はアン・ブラントに次ぐ白人女性として二人目の半島奥地体験者となるが、ハーイルで捕らわれて軟禁され、手痛い挫折感を味わった。ついでながら彼女はかねてアンと親しく、のちカイロに独居するアンを訪ねてもいる。

考古学者としてのガートルードは、英独仏の研究者との接触で自学したものだが、メソポタミアのウハイディル遺跡（ユーフラテス下流の右岸）の発見、アナトリアでの発掘など、重要な業績を残している。一九一一年刊の「ムラトのあとはムラト」（*Amurath to Amurath*, London 1911）は、メソポタミアとアナトリアの歴史・考古紀行である。カルケミシュで発掘作業中の二十歳年下のT・E・ロレンスに初めて会い、長いつきあいが始まったのは一九一一年の旅の途中だった。

やがて大戦が始まり、ガートルードはカイロの英軍情報機関アラブ・ビューローに加わる。そしてバスラで情報活動に携わり、平和回復後はバグダードの民政府に移って、最後の十年を戦後処理の一端を担うのに捧げた。自分の判断への自信から、そりの合わぬ上司を飛びこしてロンドンの関係省トップに意見を具申し、a born intriguer（生まれつきの策士）と怨まれたこともあれば、その青い目の刺すような視線に震えあがったアラブの族長もいる。

ファイサルを擁立してイラク王国樹立に参画

英政府でイラク問題の担当が従来のインド省から植民省に移管されたに伴い、新植民相チャーチルの主宰で中東（英国圏）の新体制を議した一九二一年三月のカイロ会議には、ガートルードは四十名の参加者中ただ一人の女性として出席した。その結果、ハーシム家のファイサル（現ヨルダン国王フセインの大叔父）を擁立して、トルコの支配を脱したイラクに新王国を樹立するという大仕事に参画することになる。

駐バグダード高等弁務官の特別秘書というガートルードの立場は、当時の英国の男性社会ヒエラルキーでは非常に異例のものだったが、大富豪の娘はみごとに外務公務員に変身し、権限はないながら複雑多岐な現地実務を一手にとりしきった。

ファイサルはロレンスと反トルコ蜂起を指導し戦後はシリア王となったが、四カ月でグロー将軍が現地の高等弁務官を務めるフランスに廃され、いわば浪々の身だった。預言者ムハンマドの末裔とはいえイラクには馴染みのない人だったから、その夏、即位が無事終わったとき、ガートルードは生涯最大の歓喜に浸った。

新王国の運営が軌道にのるとともに、ガートルードは政治を離れ、ファイサルの信任のもと考古局を発足させ、イラク初の国立博物館創設に当たった。その完成を目前にした一九二六年七月十一日の夜、五十八歳の誕生日の二日前に、彼女は常用の睡眠剤の過量服用で就寝中に死去し、翌日には国葬なみの儀式で炎天下に葬られた。

ガートルード・ベルの多彩な生涯のうち中東との接点を表面的になぞると、おおよそ右のようになろう。その航跡には、透徹した現代人の知性と、オリエントの古代以来のありようにロマンを求める心とが交錯している。大戦後は、公務で自動車やときにはようやく実用化が始まった飛行機を使うこともあったが、それまでは当然ながら彼女はこの広域をすべて自分の足と、馬か駱駝の背で移動した。馬術にはもともと自信があったのだが、一九〇〇年早春に初めてシリア砂漠に出るまでは、まだ昔ながらの女性の片鞍《かたくら》、つまりロングスカートのまま両脚を左側に垂らす横乗りだった。キュロットを穿いて馬に跨ったとき、「もう二度とほかの乗りかたはしない。ほんとうに楽な乗馬というものを、いままで知らなかった」と言っている。彼女が馬で踏破した旅程は、ただの目の子勘定だが三万キロはあろう。その距離だけ見ても、私は彼女が当代最大のトラヴェラーの一人であることを疑わない。乗馬力と、どんな方言も聞きわけた完璧なアラビア語と、生家の資力がその旅を可能としたのだ。

しかし、その足跡に劣らず興味深いのが、ガートルードの内面の旅である。

前述のいくつかの著作では、みずみずしい情感が深い学識に裏打ちされて香気を放っている。生得の文藻と、天才的というほかない語学力と、三十代で始めた考古学は、彼女の後半生と分かちがたいものだ。八宗兼学《はっしゅうけんがく》とは、まさに彼女のような人にふさわしい評語かもしれない。ものにならなかったのはピアノを弾くこと、苦手なのは社交界の空疎な交際だった。しかし砂漠の旅でも、銀の食器などの貴族の生活用具は手放していない。非常な衣裳道楽で、アナトリアの山奥からコンスタンティノープルに着いたその晩、立派なドレスでパーティに現れる、といったふうだった。家族と限られた少数者を除いて、人に対する評価、好悪の別はきびしかった。ドルーズの生きざまに惚れこんだが、チェルケス人には背を向けた。バグダードでは、ファイサル王の妃も、敬愛する直属上司の高等弁務官コックス卿の夫人も、同僚男性の多くも、彼女がひそかに愚物と断じた例外ではない。抜群の知力は、相手にもそれを求めてやまなかった。

三人の外交官に恋をし、そのいずれをも失う

ガートルードは、いずれも中東を舞台に三度の恋をした。

最初はペルシアを訪れたときの、英国公使館の若い書記官ヘンリー・カドガンとの親交で、コレラ流行のさなかに、半年弱のテヘラン滞在は甘美な夢のように過ぎた。現地から結婚の許しを求めたが、貴族の一員とはいえカドガンの資産の乏しさと賭博好きの性向を知った父は、承諾を与えなかった。傷心を抱いてガートルードは帰国するが、まもなく届いたのは、二人で遊んだテヘラン東方の山間の渓流ラール川で鱒釣り中のカドガンが冷たい水に落ち、肺炎に罹って死亡したとの知らせだった。

つぎは、リチャード・ダウティ゠ワイリー（既述のオリエンタリスト、チャールズ・ダウティの甥）との不倫の仲である。一九〇七年のアナトリアの旅の途中、ガートルードはコニヤの領事で新婚早々の同年の彼と知り合う。リチャードは中東、アフリカと転勤が相次ぎ、たまの帰国中に逢うほかは手紙のやりとりに頼るほかないつらい間柄だったが、年を経るごとに二人の情念は高まる一方だっ

1924年当時のバグダードにおけるガートルード・ベルと同僚．ガートルードから左へ蔵相サスーン・エフェンディ・エスカイル（＝ガートルードが信頼し就任に奔走したユダヤ人事業家），キナハン・コーンウォリス
(Janet Wallach: *Desert Queen*)

た。アン・ブラントの「ネジュド巡礼」(前述）を携えた一九一三年のアラビア旅行は、のっぴきならぬ思いを砂漠の孤独に紛らわせようという意図もあった。だが翌年始まった大戦が、二人の関係に始末をつける。一九一五年四月、軍人としてダーダネルズ海峡のゲリボルで作戦中のリチャードは、トルコ軍に頭を撃たれて即死した。知らせを聞いて死の思いすら頭をよぎったガートルードだが、半年後、戦況の激化とともにホウガースの求めに応じてカイロのアラブ・ビューローに入った。

従来の諸伝記ではあまり触れられていないが、最新の伝記、ジャネット・ワラクの「砂漠の女王」(Janet Wallach: *Desert Queen*, New York 1996) によると、彼女の最後の恋が、バグダードの激務のなかで人知れず進んでいる。相手は彼女のいう「力と知恵の塔」（二メートルの長身だった）、十七歳年下の颯爽たる外交官、アラブ・ビューローでの同僚ロレンスも舌を巻いて「融点が数千度の金属でできている」と評した男、ファイサルがガートルードとともに頼りにした政治顧問、キナハン・コーンウォリスである。国造り、国王作りに没頭するうちに二人は近づき、やがて彼女はキナハンが英国に残した妻を離婚して、自分と再婚することを期待する。だが、それは所詮むなしい望みだった。曲折の末、キナハンは離婚に踏み切らず、一九二五年になって彼女の願いを断ち切った。ガートルード・ベルは端正な生涯に三人の外交官と恋をし、そのいずれをも失った。

大戦後の不況下、英国の産業界を襲った大ストライキで父の事業が傾き、生家の資産状況にもかげりが見え始めたときに、長期のイラク滞在でガートルードは健康を害する。博物館完成後の身の振り方は白紙で、帰国しても居場所を見いだすことはむずかしかった。心身ともに疲労困憊した彼女をいっとき和ませたのは、旧友の女流作家ヴィタ・サクヴィル＝ウェスト（当時の駐テヘラン英国大使ハロルド・ニコルソンの妻で、ヴァージニア・ウルフの愛人でもあった両性愛者）の来訪だった。一九二六年三月、バグダードでのその出会いは、同年に出たヴィタの旅行記「テヘランへの旅人」（Vita Sackville-West : *Passenger to Teheran*, London 1926）に、いきいきと描かれている。その部分がガートルードの死後すぐに刊行された書簡集にさっそく転載され、最晩年のガートルードを伝えるものとしてひろく知られた。ちなみに一九九七年、この旅行記が田代泰子氏の流麗な翻訳『悠久の美　ペルシア紀行』(晶文社)として出版され、バグダードのガートルードが七十余年ぶりに日本語で甦っている。

ガートルードの死は事故ではなく、遺書はなかったが自殺と見ることで最近はほぼ一致しているようだ。前述の状況で将来の展望を失ったのが、さしも強靭な心身を持った人格をも崩壊に追いやったということであろうか。

一九五八年七月の革命で、イラク・ハーシム朝は三代で跡形もなくなった。ガートルードが長命を保っておれば、自分が創設に当たった王国の凄惨な終焉を九十歳で目撃したこともありえたわけだ。そしていま地図を眺めて驚くのは、一九二一年の秋、砂漠を知りつくしていたガートルードがアラブの族長たちと知恵を絞って線引きした産物、イラクの南部国境線が、基本的には現在も有効に働いている事実である。むろん英・イラクとアラビア側のイブン・サウードとの協議の結果確定したのだが、これこそ、彼女の最大の遺産ではあるまいか。

前述の伝記の著者ジャネット・ワラクは、米国人女性ながら湾岸戦争後にバグダードを訪れた。ガートルードが精魂を傾けて立ち上げた博物館の地下室の棚に、かつてファイサル王がガートルード・ベル・ルームと名づけた主室を飾っていた彼女のブロンズ像が、埃にまみれてころがっていたという。

結びにかえて

中東を、なかばお伽話の時代から現代史に繋ぐような位置づけもできないではない四人の女性のプロフィールを、大急ぎで描いてみた。書き終えて、彼女たちがちょうど三十年ずつ齢を隔てながら、細い因縁の糸で結ばれていたことに気がつく。そのいずれもが、一世代前の先人の足跡を意識していたのだ――聖地の所在地というほかはろくに中東の知識もなかったヘスター・スタノップの場合、シリアに関心をもったきっかけは、たまたまフランス人ヴォルネ伯のパルミラ「発見」に疑問を抱いたことという。本稿のものものしい副題は、そういうかすかな縁を「系譜」とみなして使ったにすぎない。ただそれがあながち意味のないことでもなさそうなのは、前後して中東を旅し、貴重な記録を残した西欧の女性はほかにもある――が、この四人（うち初めの二人はカーゾン卿の「基準」外で、著書もなければペルシアの地を踏んでもいない）ほど強烈な個性は当時もいなかったし、まして今後は二度と現れまい、と思うからだ。

最後にひとこと――昨年度の本誌（『アラブ』第八〇―八三号）の表紙をその麗筆で飾られた、レバノン在住の日本画家・小間典子さんが帰国されたときに、ベイルート南方のヘスターの旧跡をできれば一見していただくことをお願いしたところ、詳しい調査結果と現状の写真（一五九頁所載）を送ってくださった。長い内戦はヘスターの墓まで荒らしたらしいが、砦の壁は予想以上に高く厚く頑丈に生き延び、百六十年以前の女主人の執念をいまも感じさせる。イスラエル軍の前線ちかくまで行って貴重な資料を作ってくださった小間さんに、この場を借りてあらためて厚くお礼を申しあげたい。

訳者後記

田隅 恒生

本書初版の原題（「凡例」参照）にあった「サファル・ナーメ」とは、「旅の書」つまり旅行記の意のペルシア語である。古いところでは、十一世紀のバルフ生まれの詩人、神学者でシリア、メッカ、エジプトをひろく旅したナーセル・ホスローの「サファル・ナーメ」が知られる。ただ表題は同じでも大きくちがうのは、ナーセルのそれが七年間におよぶ旅の簡潔で律儀な記録なのに、本書はみずみずしい情感のあふれるエッセーの装いをまとっていることだろう。

ガートルード・ベル（一八六八―一九二六）は、著作のタイトルに凝る人だったようだ。考古学の調査報告や外交記録などは別にして、本書以外の主要二著について言えば、その一つ「荒野と耕地の間」（*The Desert and the Sown*, 前掲『シリア縦断紀行』）はウマル・ハイヤームの四行詩の英訳から（本文第三章訳注2参照）、片方の「ムラトのあとはムラト」（*Amurath to Amurath*）はシェイクスピアの『ヘンリー四世第二部』からの引用で、著者自身の説明があるわけでなく、だれにもすぐ分かるというものではない。そのせいか、初版以外は前者には「シリア」がつけ加えられ、本書では「サファル・ナーメ」が省かれている。

ガートルードの生涯と業績を、限られた紙数で万遍なく語るのは容易なことではない。それは不充分ながら別稿「中東を旅した女性たち」に譲り、ここでは、彼女とペルシアとのかかわりのうち、序文でサー・デニスン・ロスが触れ得なかったことを述べておきたい。

ロスは、序文訳注1で述べたようにペルシア語、アラビア語について初期にガートルードに助言を与えた人で、本書や後述の「ハーフェズ訳詩集」（*Poems from the Divan of Hafiz*）の出版されたときはロンドン大学のペルシア語・ペルシア文学教授だった（余談ながら、ロスは後年、カルカッタ学院《マドレッセ》の学院長を一時務めていた一九〇三年にガートルードが二度目の世界一周旅行でインドに立ち寄ったときの回想を語っている〔「ハーフェズ訳詩集」新版序文〕。別れてビルマに去った彼女がラングーン〔現ヤンゴン〕から電報をよこし、十世紀シリアの詩人、ムタナッビーが騎馬の疾走と読書を人生の悦楽と讃えた詩の前半をアラビア語原文で知らせてほしいと言ってきたのに回答を返電したという。印象深いのは、前記の『シリア縦断紀行』第九章にその詩句が現れることである。一九〇五年の早春、シリアを旅するガートルードは、クラク・デ・シュヴァリエ城のトルコ人司令官が、嵐の夜に炉辺の語りでこの詩を吟唱するのに耳を傾けたのだ）。

本書成立の経緯は、序文であきらかにされている。ただ、ロスがそれを書いたのはガートルードの急死の二年後にすぎない。彼女の書信はよく整理されていたらしく、幼児のときから死亡四日前の日付のものまで、厖大な集積が継母フローレンスの編纂で早くも死の翌年に公刊された。その時点では、ガートルードのテヘラン滞在中のことは、書簡集に一通だけ収録されロスが引用した長い手紙の記述が第三者の知りうるすべてだった。しかし、いまでは詳細な事実が分かっている。
ガートルードは二十歳でオクスフォードを卒業すると、ラテン語の仕上げなど、自分の好きな勉強のほかはおもにロンドンの社交界で過ごした。だがこうして三シーズンを経たとは、結婚相手を見つけるのにほぼ決定的に失敗したことを意味する。才気煥発で口数が多く、自負心の強い、こわいものなしの、贅沢に育った富豪の娘を友人としてはともかく、妻にしようという男はいなかった。ヴィクトリア時代に、二十代の前半をうかうかと費やした教育のありすぎる女性は、それだけでありがたくもないスピンスターのレッテルを貼られてしまう。すでに大学を出た年に、心配した両親はガートルードを「学生気分から抜けさせるために」、フローレンスの義兄で駐ルーマニア公使だったフランク・ラセルズのもとで仕込んでもらうべく、ブカレストに送っている。独立して日の浅い東欧の王国の首都でダンスと宴会と旅行に優雅な十五カ月を過ごしたことは、彼女がおだやかな会話と作法を身につけ、各国の貴顕に面識を得て視野を拡げるのにまたとない機会だった。

そうした背景での、ブカレストからテヘランに移った伯父が公使を務めるペルシアへの旅である。本人のいうごとくオリエント熱に煽られたのはむろんだが、根底には西欧の上流社会へのある種の不適応意識があったにちがいない。そのころ、彼女は独身を通すことも覚悟して、母親に「それにしても七十年［の一生］とは長いこと」と嘆いている。

当時、西欧からテヘランに行く途は（バグダード、あるいはペルシア湾のブーシェヘル経由は別として）いくつかあった。オリエント急行でコンスタンティノープルへ、黒海を渡ってグルジアのバトゥーミに着き、ティフリス経由の鉄道でカフカスを横断しカスピ海岸のバクーへ、そこからロシア船でペルシア側のエンゼリーへ、あとは馬でアルボルズ山脈を越えテヘランへ。あるいは黒海南岸のトラブゾンで上陸し、治安の悪い危険な山道を馬で直接西ペルシアのタブリーズへ。つぎはベルリンからクラコフ経由の鉄道でオデッサに出て、バトゥーミ、バクーへ、もしくはモスクワから鉄道でカフカスをティフリス、バクーへ、さらにモスクワからツァリーツィン（現ヴォルゴグラード）経由でヴォルガ河口のアストラハンへ出て船でバクーへ、などである。費用のかかるのは最初のルートで、日数では最後のがもっとも短く、いずれにせよ西欧・バクーは八ないし九日で行けた。問題はそのあとで、バクー・エンゼリー間船便の所要時間は一昼夜半だが頻度は夏場の最良の条件で週一回、冬場は不規則、しかもエンゼリーが遠浅で天候によっては上陸できず、船はしばしばバクーへ引き返した（カーゾン）。エンゼリーとテヘランの間は、本書の後半で著者がみずから語るとおりである。

ガートルードは、夫に合流する伯母メアリーと従姉妹のフローレンスとの女三人で四月初めにロンドンを発って前述の第一のルートをゆっくりと辿り、エンゼリーまで出向いた公使館員や従者に迎えられて五月早々にテヘランに到着した。帰途も同じルートをとったが、そのときの女性の二人旅の片方がだれだったかは審らかでない。

おそらく一筆を要するのは、前年の一八九一年には英・ペルシアの関係がきわめて険悪だったことだ。国王ナーセロッディーン・シャーの再三の利権売却の一環で、ペルシア民衆の最大の嗜好品だった煙草の生産販売を一英国企業に独占させる契約を結んだことに対し、猛反対が起こった。とくにイスラム高位聖職者の指導で、異教徒による供給独占の煙草を拒否させる扇動が奏功して全国的な禁煙運動に発展し、テヘランには大暴動が発生する。やむなくシャーは、締結したばかりの契約を五十万ポンドという莫大な弁償金を払って解消した。一煙草問題とはいえ、これがペルシアでの英国の影響力を減殺し、ロシアが進出する契機となる。その関係もあって英国公使が交替し、またラセルズ夫人も夫との同行は避け、事態の収束を見て出発したのだ。一行がテヘランに着いたときには煙草問題は解決していたが、かわりにコレラの流行に遭遇する。三月にインドに発したこの年のコレラは、交通機関の発達でユーラシア大陸を未曾有の速度で通り抜け、ペルシア、ロシア、西欧から八月末にはニューヨークに達している。犠牲者は世界全体で三十八万、うちペルシアだけで六万四千を数えた（スーザン・グッドマン）。

当時のテヘランの外国公館では、別格のトルコ大使以外は英露独仏墺伊が全権公使、後発の米、オランダ、ベルギーが弁理公使クラスをおくのみだった（日本の公使館開設は一九二九年）。急増して一八九〇年には総数約五百人となった外国人の大部分は、若干の宣教師や商人のほか多くは一旗組の短期滞在者で、武官やペルシア政府の顧問などを含めても欧米の外交官とその家族は数十名どまりである（カーゾン）。ガートルード、フローレンスの二人の若い女性が現れたことは、この閉鎖的な白人の小コミュニティーにときならぬ華やぎをもたらす出来ごとだった。

さて、ガートルードは着いて公使館に落ちつくなり、書記官の一人ヘンリー・カドガンに特別の好意を抱く。ヘンリーはアイルランド系の第三代カドガン伯の孫で三十三歳、ガートルードがさっそく母に出した手紙で「……はるばるテヘランまで来て、最後にこんなすばらしい人に会えるとは思いもせず……」という、手放しの一目惚れである。ペルシアそのものも「パラダイス」、公使官邸は「エデンの園」だというのだが、五月初めのテヘランの自然にはたしかにそのような一面もあるにせよ、この受けとめ方はカドガンの存在ぬきには考えにくい。彼女は、両親にはすべてを包み隠さず伝えている。その後の彼女のテヘランでの日々は、半ば以上はカドガンゆえに牧歌的なよろこびに満ちたものとなった。城外への馬での遠出、山中のキャンプなど、本書に現れる「私ども」には（「三貴夫人」のように男の同席を許さない場面や帰途の体験を除いて）、つねにカドガンが含まれていたと解していいだろう。彼のほかに考えられるのは一緒に来た伯母と従姉妹、それに昔から母や伯母と親しく、たまたまドイツ公使だった東洋学者フリードリヒ・ローゼン博士とニーナ夫人の一家である。こうした女性中心のグループが、カドガンを案内役にして、テヘランの内外に馬をならべて散策していた光景を想像することはたやすい。

ガートルードの手紙の一つを引用すれば、

（二人で山間にわけ入って）樹かげの長い草に横たわり、小川に足を浸しながら雪を頂いた山々を移ってゆく光を眺め、そしてカドガンさんがポケットから取り出した小型本でカトゥルス［前一世紀ローマの詩人］を拾い読みしました。ほんとうに楽しいことでした。

あるいはまた、別の日にやはり山のなかで、

あの物音一つしないところで、山脈の影が下の平地をゆっくりと動き、まず緑深い村々を、ついでテヘランを、最後にかなたの丘陵を蔽ってゆくのを眺めるすばらしさはなんとも言えません。イマームザーデ［イスラム聖者の祀堂］に近づくと、列の先頭にいたカドガンさんと私には、お堂の上から礼拝を告げるムァッジンの声が聞こえました。実におごそかな感じで、メッカの方角が分かってさえいたら、自分でコーランをすこしは朗誦したことでしょう……

二人は結婚を約し、両親の同意を求めた。外交ルートを利用した手紙は、二週間ほどでロンドンに着く。だが、待ちかねた父サー・ヒュー・ベルの返事は否定的だった。彼の調べでは、ヘンリーは貴族につながるとはいえ資産がなく（父親は破産状態）、性格が横暴、自分本位な上に賭博好きで借財を抱えていて、とうていガートルードを養える身ではないという。

ガートルードは父の言葉にしたがった。世は社会の生活規範がきびしいヴィクトリア時代で、ガートルードにとって両親は生涯を通じて限りない敬慕の的だった。その後はカドガンとの接触を避けるようにし、帰国を早めた。しかし、彼女が心底からあきらめたわけではない。九月にテヘランを去るとき、母への最後の手紙で彼女はこう書き送った。

頭に浮かび紙に書く何もかもが、二人で話しあったことや、鋭い刀のようにひらめいたあの人の言葉を思い出させます。この三カ月というもの、私のおこないや考えのなかにあの人がいなか

ったこと、すべての核心でなかったことは一つもありません……

帰国後も思い切ることはできず、ひそかに時機を待つようだった。そのあげくが、別稿（本書一八六頁）に述べた翌年八月のある日のことで、それも念が入っている。一八九三年の夏をヨークシアの別邸で過ごし、本書の出版に備えて「死の影」の章を母に読んで聞かせていると、「まるである種のペルシアの妖術のように、本のページからその影がぬけ出てきて」（ジャネット・ワラク）、テヘラン公使館の電報が届いたという。

カドガンの死後も、その面影は容易にガートルードの脳裏を去らなかった。翌年一家でアルプスに遊んだとき、たまたまカドガンの命日を迎えた日に彼女は記す——「昨夜は彼のことを、そして彼が私にとって何だったか、またいまも何なのかをつくづく考えて過ごした」。さらに二年半後、一八九七年の早春にイタリアを旅行中、ヴェネツィアを訪れたガートルードは忘れられぬ体験をする。日記によれば、

たちまち、眼前にサン・マルコ広場が現れた。泣き出したい気になったと白状する。楽団が演奏し、ピアツェッタは人で溢れていた。まったくばかげているとは思ったが、そこが全部ヘンリー・カドガンで埋まっていた。あまりにすばらしく、かえってつらい思いを堪えきれなかった……

以上が、ロスが序文を書いたとき以後に判明した、いわば「史実」である。ガートルードの伝記で

本書の生まれた背景にまで言及したものは見当たらず、あとは「推測」だが、こう見れば、ガートルードが本書の出版に乗り気になれなかったことも分かるような気がする。書いたものへの自信のなさと本人が言い、ロスも信じたものは、実は他人には秘めておきたかった彼女の気持ちであり、「妥協の結集、匿名で出版された」（「序言」）とは、この心情と著作に対する両親、とくに母の評価を両立させることだったのではなかろうか。そのために著者名を伏せるだけでなく、記述から個人が推定されそうな言葉はすべて外したのかもしれない。母のフローレンスは、義理の仲ながら非常によくできた人だったらしい。五年前に妻を亡くした父の再婚はガートルードが八歳のときで、その瞬間から彼女は継母になついている。フローレンスは、ディケンズやヘンリー・ジェームズとも親交のあった著名な医師オリッフ卿の娘で、女流劇作家として一応は知られていた。あるいは実母でないゆえの冷静さでとも言えようが、彼女がガートルードの処女作の価値を認め、なにかと助言を与えたことは察するに難くない。ともかく出来上がったのは、紀行とはいえ日付や人名のみならず地名すらもときには省き、いきなり目的地から始まって、現地に通じた目で帰途を描写するページに多くをあて、体験と同時に省察を語る、内容、形式ともにきわだった特徴をもつ美しい文章だった。

ガートルードは目に快いものしか見なかったわけではないが、その視点が、現地社会のいわば上澄みの部分との接触で得られた、特権的な立場でのものであることはいうまでもない。それについては、*The Desert and the Sown* の復刻版（Virago, London 1982）に付されたセアラ・グレアム＝ブラウン女史による解説の一節が想起される。中東のロマンと砂漠の自由に魅せられた西欧のオリエンタリストの心情について、女史は言う。

……しかしこのようなロマンスと自由の意識に、保護者然《コンディセンション》たる態度が混じっていないことはめったにない。ガートルード・ベルにせよ、彼女と肩を並べる旅行家たちにせよ、自分の文化の強さと影響力、あるいはそうと信じている自分たちの文化の基本的な優越性を忘れてはいない。
（『シリア縦断紀行』上巻所載）

つまりガートルードは、現地のいかに否定的な面に逢おうと、みずからの属する文化の「基本的な優越性」に護られて、寛容なまなざしで接することができたのだ。それは「あばたもえくぼ」とは異なるし、また一歩誤れば夜郎自大の尊大《アロガンス》となりかねないものである。コンディセンションとアロガンスの差は、紙一重にすぎない。

ガートルードのコンディセンションの背景にあったロマンは、どういうものだろうか——まさか、彼女自身がたびたび引き合いに出す、アラビアン・ナイトの幻想だけではありえまい。彼女は自分の見聞、体験のすばらしい語り手であったけれども、みずからの意識や思考の内容についてはむしろ寡黙だった。だがおのずとにじみ出るのは、近代西欧文明が失った素朴な価値観、自然の摂理といったものをいつくしむ心である。そこから、滅びゆくもの、疎外されたものへの共感、愛惜の思い——具体的には、中東各地におびただしく散らばるビザンツ、サーサーンの遺構や、ペルシア人の礼節感覚や、ドルーズ派の生きかたや、異教信奉《ペイガニズム》の世界などへの関心が生まれる。著者が本書の冒頭にゲーテの『四季』の一節を掲げたのは、ゆえなきことではない。中東の、ひいては欧州の近現代を形づくる諸相の母体でありながら、いまは命脈を保っていないものへの回帰が、彼女のロマンの中身であった。終生彼女を捉えて放さなかった考古学への傾倒も、所詮はこの次元から出発したものと見るべきだろう。むろん彼女も、西欧を全面的に拒否して中東に遁世したわけではない。自分が生まれた文明の一面に絶望しながらそこからの恵沢を享受し、その庇護のもとに中東にのめり込んだという点では、彼女も多くのオリエンタリストの例外ではなかった。しかし、彼女をそのように規定できるのは後年のことである。

ガートルードの「中東観」とでもいうべきものを簡潔にまとめた文章があるとすれば、エジプトで英国を代表したクローマー卿への手紙という形で載せた「ムラトのあとはムラト」の自序文はその一つであろう。卿はエジプトの民族主義者や、おなじ英国人でもウィルフリド・ブラントなどには蛇蝎《だかつ》視された（別稿一七四頁参照）が、ガートルードにとってはかぎりない敬意の的で、またあるときカーゾン卿に彼女を推薦して "an extremely clever woman" という最大級の言葉を使った人である。資料としてその自序の全文を訳出しておいたので、参照いただきたい。

ガートルードは、二十代の後半を本書とハーフェズの訳詩の出版のために費やした。後者は当時も名訳の評判が高かったが、五十年ものちの一九四七年になっても、アーベリー（A. J. Arberry. ハーフェズの研究者・イスラム学者、ケンブリッジ大学教授。一九〇五―七〇）をして、「これまでにハーフェズの詩を英訳した二十人ばかりのうち、いまなおガートルードの翻訳が最高」と言わしめている。

「ハーフェズ訳詩集」は全作品の一割にも満たぬ四十八歌を収めるのみだが、一読して感ずるのは英詩としての完成度、美しさであろう。ハーフェズ詩の表象性と含意のむずかしさは本書でガートルード自身が三嘆するとおりとしても、彼女は自分で充分に理解した上で英語詩として成り立つ翻訳とし、一歌ごとに行き届いた注解をつけている。

そして詩人の略伝とともに、十四世紀ペルシア史の概観とイスラム神秘思想《スーフィズム》の解説に大きなスペースをあてている。いま見ればとくに目新しいものではないが、実はペルシア史のその部分、つまり弱小王朝の変遷とティムールの侵入という複雑きわまる一時代には、当時の英国の学界もまだほとんど手がついていなかった。したがって、ロスによれば、ガートルードは連日のように大英博物館・図書館に通い、断片的なペルシア語手稿の史料を繫ぎあわすようにしてこの小論をまとめたという。訳詩集が世に出たとき、ペルシア学の権威エドワード・ブラウン（序文参照）は、感嘆と最高の賛辞を惜しまなかった。

イスラム神秘思想の議論は私にはコメントの域を越えるが、それはガートルードがハーフェズを読みこなすのに渾身の力を傾けたことが伝わってくる体のもので、少なくともスーフィズムを現代的感覚で理解させうるものと言えよう。たとえば、「スーフィズムの歴史が書かれるのは今後を待たねばならない。起源はいまも明らかでなく、あらゆる宗教を通じてもっとも神秘的ならざるイスラムにそれが住みかをみつけたことも、まだ説明されていない」とした上で、インドから西欧までの古今の文献を博捜し、つぎのように言い切る——「スーフィズムの基調をなすのは神と人との合一であり、一体化である。それはあらゆる信仰の根元にある教理ではあるが、あくまでも追求されると、汎神論、静寂主義、そしてついにはニヒリズムに行き着く。神秘家《スーフィー》たちの到達しうる至高善とは、実在するものの全否定——つまりみずからも個別の実体をもつことは忘れ去り、大海中で水滴が形を失うように彼ら自身が神のなかに姿を消すこと」。そしてまた、「(ハーフェズの)詩句には神秘思想の伏流があり、それを簡単に片づけることは許されない。もし無視しようとすれば、抒情詩《オード》の多くは全然意味をなさなくなり、大部分は面白みの優に半分を失うだろう」。

わずか四年前にテヘランでシェイフ・ハサンについてたどたどしく、しかもその表象性に多大の疑問を抱きつつ読み始めたハーフェズだった(本書第十章)のを思うと、同じ人の言葉とは思われぬほどで、ガートルードの努力と学習力には感服させられる。この解説は、彼女の唯一の思弁的労作かもしれない。詩集は余白が多いから、それは詩が鏤《ちりば》められた哲学的史書の観があり、ただ一書で彼女に詩人と歴史学者の両タイトルを許したのである。そして一方で彼女はアラビア語の習得に精を出し、やがてロンドンでの勉強に限界を感じて、一八九九年末には前記のローゼン博士がドイツ総領事を務めるエルサレムへ単身出かけて行く。

だがこれで、ガートルードのペルシアとのかかわりは終わる。彼女は同じところに留まる人でなく、世界周遊へ、アルプス登山へ、園芸へ、婦人参政権賦与「反対」運動へ、そしてアラブ・トルコ地域の考古学とロマンの追求と、不毛な恋と、ついには戦中の情報活動から国際政治の舞台へと歩みを移していった。

ただ彼女が、のちの生涯で一度だけペルシアに戻ったことがある。大戦末期、トルコ敗走後のバグダードで後始末にあたっていた一九一八年の夏にケルマンシャー、ハマダーンを経てテヘランを訪れ、二十六年前とおなじく首都北郊の山腹にあった英国大使の公邸で静穏な二週間を過ごした。かつてとおなじく馬で山歩きを楽しみ、あるいは革命後のロシアとペルシアの関係を調べたようだが、時を隔てて再訪したテヘランで彼女がどのような感慨を持ったかは、現存する両親への一、二の手紙からは窺い知れない。

*

「序文」にもあるように、今回訳出した十四章とほかの六章とでは、あきらかに筆致が異なる。前述のブカレスト滞在とペルシア訪問の往復での見聞に基づく、コンスタンティノープル、スクタリ（ユスキュダール）、ブルサや黒海沿岸各地（サムソン、トラブゾン、ティフリス、オデッサなど）の印象記は場所自体がめずらしいのに加え、古典古代の知識を駆使しながらペダントリーを感じさせせない叙述は大いに示唆に富む。しかし、対象も成り立ちも描写も異質なものをまとめるのはかえって興趣を損なうように思われるので、今回は「ペルシアもの」に限り、これら六章の訳出は見送った。

本訳書が出るについては、何人もの方のご援助をたまわった。矢島文夫氏（アジア・アフリカ図書館長）は、助言と貴重な資料の貸与を惜しまれなかった。山岸智子氏（明治大学政治経済学部専任講師）には、ペルシア語関連のいくつかの疑問についてご教示を頂いた。さらに雑誌『アラブ』に連載の拙文が法政大学出版局の秋田公士氏の目にとまり、別稿のように多少手を入れて再録しえたのは訳者として思いがけぬ幸いだった。お世話になった諸氏に、厚くお礼を申しあげる。

最後に、弁解をひとこと加えさせていただきたいと思う。過去の紀行を、著者と同じ地理的視点で翻訳することは物理的に不可能だろう。たまたま私にはガートルードが描いた場所のほぼすべてに土地勘があり、したがって、おそらくその面で訳出上の大きな見当はずれはあるまいとは思う。他方、読者の理解の便にと多数の補注を付したことによって、せっかく著者が説明的な言辞を排し、幻想的なまでに精妙に仕上げた文章のヴェールを剝ぎ、マスクを取るような仕儀となったことが悔やまれる。ただそれを通じて確言できるのは、よし幻想的であれ詩的であれ、著者は曖昧なこと、事実に反することを何一つ書かなかった、またわずか五カ月弱の滞在ながら見るべきものはすべて見ていた、ということだ。紀行らしからぬ小品ながら、前世紀末のペルシアをこれほど具体的に描いた紀行はないのではないか、ということを訳後の感想として申し述べておきたい。

参考書目

Gertrude Bell : *The Desert and the Sown*, London 1907
（田隅訳『シリア縦断紀行』上下二巻　平凡社・東洋文庫、一九九四—九五年）

—— : *Amurath to Amurath*, London 1911

Lady Bell, ed. : *The Letters of Gertrude Bell*, 2 vols., London 1927

Elizabeth Burgoyne : *Gertrude Bell, from Her Personal Papers*（*1914-1926*）, London 1961

H. V. F. Winstone : *Gertrude Bell*, London 1978（revised 1993）

The Sufi Trust : *Teachings of Hafiz*, Translation by Gertrude Bell, London 1979（Translation 1897）

Susan Goodman : *Gertrude Bell*, London 1985

Janet Wallach : *Desert Queen*, New York 1996

イスラーム文化叢書　1

ペルシアの情景

発行　2000年９月25日　　初版第１刷

著者　ガートルード・L. ベル
訳者　田隅恒生
発行所　財団法人　法政大学出版局
〒102-0073 東京都千代田区九段北3-2-7
電話03(5214)5540／振替00160-6-95814
製版，印刷　平文社
鈴木製本所

ISBN4-588-23801-9
Printed in Japan

著　者

ガートルード・(マーガレット・) ロージアン・ベル
Gertrude (Margaret) Lowthian Bell

1868年，北イングランドのダラムに生まれる．オックスフォード大学を卒業．前半生は自由なトラヴェラー，考古学者として中東に親しみ，後半生はアラブ事情専門家として第一次大戦の戦中・戦後にわたり英国の中東，とくに対イラク政策の実行にあたった．1926年，初代イラク王ファイサルの信任のもと国立博物館新設に従事中，バクダードで急死．

訳　者

田隅恒生（たすみ　つねお）

兵庫県出身．1931年に生まれる．1954年，京都大学法学部卒業，丸紅(株)に入社．おもに資材分野の輸出に携わり，その間，テヘラン，ニューヨーク，マニラに駐在．のち丸紅紙業(株)に転じ，常勤監査役，顧問を務めた．
訳書：ジュリアン・ハクスリー『時の回廊』*From an Antique Land*（平凡社），ガートルード・ベル『シリア縦断紀行』*The Desert and the Sown*，タージ・アッサルタネ『ペルシア王宮物語』*Crowning Anguish*（以上，平凡社・東洋文庫），ジョーン・ハズリップ『オリエント漂泊――ヘスター・スタノップの生涯』*Lady Hester Stanhope*，レディ・アン・ブラント『遍歴のアラビア』*A Pilgrimage to Nejd*（以上，法政大学出版局）．

魔女と魔女裁判〈集団妄想の歴史〉	K.バッシュビッツ／川端，坂井訳	¥3800
科学論〈その哲学的諸問題〉	カール・マルクス大学哲学研究集団／岩崎允胤訳	¥2500
先史時代の社会	クラーク，ピゴット／田辺，梅原訳	¥1500
人類の起原	レシェトフ／金光不二夫訳	¥3000
非政治的人間の政治論	H.リード／増野，山内訳	¥ 850
マルクス主義と民主主義の伝統	A.ランディー／藤野渉訳	¥1200
労働の歴史〈棍棒からオートメーションへ〉	J.クチンスキー，良知，小川共著	¥1900
ヒュマニズムと芸術の哲学	T.E.ヒューム／長谷川鉱平訳	¥2200
人類社会の形成（上・下）	セミョーノフ／中島，中村，井上訳	上 品 切 下 ¥2800
認識の分析	E.マッハ／広松，加藤編訳	¥1900
国家・経済・文学〈マルクス主義の原理と新しい論点〉	J.クチンスキー／宇佐美誠次郎訳	¥ 850
ホワイトヘッド教育論	久保田信之訳	¥1800
現代世界と精神〈ヴァレリィの文明批評〉	P.ルーラン／江口幹訳	¥980
葛藤としての病〈精神身体医学的考察〉	A.ミッチャーリヒ／中野，白滝訳	¥1500
心身症〈葛藤としての病２〉	A.ミッチャーリヒ／中野，大西，奥村訳	¥1500
資本論成立史（全４分冊）	R.ロスドルスキー／時永，平林，安田他訳	(1)¥1200 (2)¥1200 (3)¥1200 (4)¥1400
アメリカ神話への挑戦（I・II）	T.クリストフェル他編／宇野，玉野井他訳	I ¥1600 II ¥1800
ユダヤ人と資本主義	A.レオン／波田節夫訳	¥2800
スペイン精神史序説	M.ピダル／佐々木孝訳	¥2200
マルクスの生涯と思想	J.ルイス／玉井，堀場，松井訳	¥2000
美学入門	E.スリヨ／古田，池部訳	¥1800
デーモン考	R.M.=シュテルンベルク／木戸三良訳	¥1800
政治的人間〈人間の政治学への序論〉	E.モラン／古田幸男訳	¥1200
戦争論〈われわれの内にひそむ女神ベローナ〉	R.カイヨワ／秋枝茂夫訳	¥2900
新しい芸術精神〈空間と光と時間の力学〉	N.シェフェール／渡辺淳訳	¥1200
カリフォルニア日記〈ひとつの文化革命〉	E.モラン／林瑞枝訳	¥2400
論理学の哲学	H.パットナム／米盛，藤川訳	¥1300
労働運動の理論	S.パールマン／松井七郎訳	¥2400
哲学の中心問題	A.J.エイヤー／竹尾治一郎訳	¥3500
共産党宣言小史	H.J.ラスキ／山村喬訳	¥980
自己批評〈スターリニズムと知識人〉	E.モラン／宇波彰訳	¥2000
スター	E.モラン／渡辺，山崎訳	¥1800
革命と哲学〈フランス革命とフィヒテの本源的哲学〉	M.ブール／藤野，小栗，福吉訳	¥1300
フランス革命の哲学	B.グレトゥイゼン／井上尭裕訳	¥2400
意志と偶然〈ドリエージュとの対話〉	P.ブーレーズ／店村新次訳	¥2500
現代哲学の主潮流（全５分冊）	W.シュテークミュラー／中埜，竹尾監修	(1)¥4300 (2)¥4200 (3)¥6000 (4)¥3300 (5)¥7300
現代アラビア〈石油王国とその周辺〉	F.ハリデー／岩永，菊地，伏見訳	¥2800
マックス・ウェーバーの社会科学論	W.G.ランシマン／湯川新訳	¥1600
フロイトの美学〈芸術と精神分析〉	J.J.スペクター／秋山，小山，西川訳	¥2400
サラリーマン〈ワイマル共和国の黄昏〉	S.クラカウアー／神崎巌訳	¥1700
攻撃する人間	A.ミッチャーリヒ／竹内豊治訳	¥ 900
宗教と宗教批判	L.セーヴ他／大津，石田訳	¥2500
キリスト教の悲惨	J.カール／高尾利数訳	¥1600
時代精神（I・II）	E.モラン／宇波彰訳	I 品 切 II ¥2500
囚人組合の出現	M.フィッツジェラルド／長谷川健三郎訳	¥2000

スミス，マルクスおよび現代	R.L.ミーク／時永淑訳	¥3500
愛と真実〈現象学的精神療法への道〉	P.ローマス／鈴木二郎訳	¥1600
弁証法的唯物論と医学	ゲ・ツァレゴロドツェフ／木下，仲本訳	¥3800
イラン〈独裁と経済発展〉	F.ハリデー／岩永，菊地，伏見訳	¥2800
競争と集中〈経済・環境・科学〉	T.プラーガー／島田稔夫訳	¥2500
抽象芸術と不条理文学	L.コフラー／石井扶桑雄訳	¥2400
プルードンの社会学	P.アンサール／斉藤悦則訳	¥2500
ウィトゲンシュタイン	A.ケニー／野本和幸訳	¥3200
ヘーゲルとプロイセン国家	R.ホッチェヴァール／寿福真美訳	¥2500
労働の社会心理	M.アージル／白水，奥山訳	¥1900
マルクスのマルクス主義	J.ルイス／玉井，渡辺，堀場訳	¥2900
人間の復権をもとめて	M.デュフレンヌ／山縣熙訳	¥2800
映画の言語	R.ホイッタカー／池田，横川訳	¥1600
食料獲得の技術誌	W.H.オズワルド／加藤，禿訳	¥2500
モーツァルトとフリーメーソン	K.トムソン／湯川，田口訳	¥3000
音楽と中産階級〈演奏会の社会史〉	W.ウェーバー／城戸朋子訳	¥3300
書物の哲学	P.クローデル／三嶋睦子訳	¥1600
ベルリンのヘーゲル	J.ドント／花田圭介監訳，杉山吉弘訳	¥2900
福祉国家への歩み	M.ブルース／秋田成就訳	¥4800
ロボット症人間	L.ヤブロンスキー／北川，樋口訳	¥1800
合理的思考のすすめ	P.T.ギーチ／西勝忠男訳	¥2000
カフカ＝コロキウム	C.ダヴィッド編／円子修平，他訳	¥2500
図形と文化	D.ペドウ／磯田浩訳	¥2800
映画と現実	R.アーメス／瓜生忠夫，他訳／清水晶監修	¥3000
資本論と現代資本主義（I・II）	A.カトラー，他／岡崎，塩谷，時永訳	I 品切 II ¥3500
資本論体系成立史	W.シュヴァルツ／時永，大山訳	¥4500
ソ連の本質〈全体主義的複合体と新たな帝国〉	E.モラン／田中正人訳	¥2400
ブレヒトの思い出	ベンヤミン他／中村，神崎，越部，大島訳	¥2800
ジラールと悪の問題	ドゥギー，デュピュイ編／古田，秋枝，小池訳	¥3800
ジェノサイド〈20世紀におけるその現実〉	L.クーパー／高尾利数訳	¥2900
シングル・レンズ〈単式顕微鏡の歴史〉	B.J.フォード／伊藤智夫訳	¥2400
希望の心理学〈そのパラドキシカルアプローチ〉	P.ワツラウィック／長谷川啓三訳	¥1600
フロイト	R.ジャカール／福本修訳	¥1400
社会学思想の系譜	J.H.アブラハム／安江，小林，樋口訳	¥2000
生物学における ランダムウォーク	H.C.バーグ／寺本，佐藤訳	¥1600
フランス文学とスポーツ〈1870～1970〉	P.シャールトン／三好郁朗訳	¥2800
アイロニーの効用〈『資本論』の文学的構造〉	R.P.ウルフ／竹田茂夫訳	¥1600
社会の労働者階級の状態	J.バートン／真実一男訳	¥2000
資本論を理解する〈マルクスの経済理論〉	D.K.フォーリー／竹田，原訳	¥2800
買い物の社会史	M.ハリスン／工藤政司訳	¥2000
中世社会の構造	C.ブルック／松田隆美訳	¥1800
ジャズ〈熱い混血の音楽〉	W.サージェント／湯川新訳	¥2800
地球の誕生	D.E.フィッシャー／中島竜三訳	¥2900
トプカプ宮殿の光と影	N.M.ペンザー／岩永博訳	¥3800
テレビ視聴の構造〈多メディア時代の「受け手」像〉	P.バーワイズ他／田中，伊藤，小林訳	¥3300
夫婦関係の精神分析	J.ヴィリィ／中野，奥村訳	¥3300
夫婦関係の治療	J.ヴィリィ／奥村満佐子訳	¥4000
ラディカル・ユートピア〈価値をめぐる議論の思想と方法〉	A.ヘラー／小箕俊介訳	¥2400

十九世紀パリの売春	パラン=デュシャトレ／A.コルバン編 小杉隆芳訳	¥2500
変化の原理〈問題の形成と解決〉	P.ワツラウィック他／長谷川啓三訳	¥2200
デザイン論〈ミッシャ・ブラックの世界〉	A.ブレイク編／中山修一訳	¥2900
時間の文化史〈時間と空間の文化／上巻〉	S.カーン／浅野敏夫訳	¥2300
空間の文化史〈時間と空間の文化／下巻〉	S.カーン／浅野，久郷訳	¥3400
小独裁者たち〈両大戦間期の東欧における民主主義体制の崩壊〉	A.ポロンスキ／羽場久浘子監訳	¥2900
狼狽する資本主義	A.コッタ／斉藤日出治訳	¥1400
バベルの塔〈ドイツ民主共和国の思い出〉	H.マイヤー／宇京早苗訳	¥2700
音楽祭の社会史〈ザルツブルク・フェスティヴァル〉	S.ギャラップ／城戸朋子，小木曾俊夫訳	¥3800
時間　その性質	G.J.ウィットロウ／柳瀬睦男，熊倉功二訳	¥1900
差異の文化のために	L.イリガライ／浜名優美訳	¥1600
よいは悪い	P.ワツラウィック／佐藤愛監修，小岡礼子訳	¥1600
チャーチル	R.ペイン／佐藤亮一訳	¥2900
シュミットとシュトラウス	H.マイアー／栗原，滝口訳	¥2000
結社の時代〈19世紀アメリカの秘密儀礼〉	M.C.カーンズ／野﨑嘉信訳	¥3800
数奇なる奴隷の半生	F.ダグラス／岡田誠一訳	¥1900
チャーティストたちの肖像	G.D.H.コール／古賀，岡本，増島訳	¥5800
カンザス・シティ・ジャズ〈ビバップの由来〉	R.ラッセル／湯川新訳	¥4700
台所の文化史	M.ハリスン／小林祐子訳	¥2900
コペルニクスも変えなかったこと	H.ラボリ／川中子，並木訳	¥2000
祖父チャーチルと私〈若き冒険の日々〉	W.S.チャーチル／佐藤佐智子訳	¥3800
エロスと精気《エネルギー》〈性愛術指南〉	J.N.パウエル／浅野敏夫訳	¥1900
有閑階級の女性たち	B.G.スミス／井上，飯泉訳	¥3500
秘境アラビア探検史（上・下）	R.H.キールナン／岩永博訳	上¥2800 下¥2900
動物への配慮	J.ターナー／斎藤九一訳	¥2900
年齢意識の社会学	H.P.チュダコフ／工藤，藤田訳	¥3400
観光のまなざし	J.アーリ／加太宏邦訳	¥3200
同性愛の百年間〈ギリシア的愛について〉	D.M.ハルプリン／石塚浩司訳	¥3800
古代エジプトの遊びとスポーツ	W.デッカー／津山拓也訳	¥2700
エイジズム〈優遇と偏見・差別〉	E.B.パルモア／奥山，秋葉，片多，松村訳	¥3200
人生の意味〈価値の創造〉	I.シンガー／工藤政司訳	¥1700
愛の知恵	A.フィンケルクロート／磯本，中嶋訳	¥1800
魔女・産婆・看護婦	B.エーレンライク，他／長瀬久子訳	¥2200
子どもの描画心理学	G.V.トーマス，A.M.J.シルク／中川作一監訳	¥2400
中国との再会〈1954―1994年の経験〉	H.マイヤー／青木隆嘉訳	¥1500
初期のジャズ〈その根源と音楽的発展〉	G.シューラー／湯川新訳	¥5800
歴史を変えた病	F.F.カートライト／倉俣，小林訳	¥2900
オリエント漂泊〈ヘスター・スタノップの生涯〉	J.ハズリップ／田隅恒生訳	¥3800
明治日本とイギリス	O.チェックランド／杉山・玉置訳	¥4300
母の刻印〈イオカステーの子供たち〉	C.オリヴィエ／大谷尚文訳	¥2700
ホモセクシュアルとは	L.ベルサーニ／船倉正憲訳	¥2300
自己意識とイロニー	M.ヴァルザー／洲崎惠三訳	¥2800
アルコール中毒の歴史	J.-C.スールニア／本多文彦監訳	¥3800
音楽と病	J.オシエー／菅野弘久訳	¥3400
中世のカリスマたち	N.F.キャンター／藤田永祐訳	¥2900
幻想の起源	J.ラプランシュ，J.-B.ポンタリス／福本修訳	¥1300
人種差別	A.メンミ／菊地，白井訳	¥2300
ヴァイキング・サガ	R.プェルトナー／木村寿夫訳	¥3300